THÈSE

POUR LE DOCTORAT

La Faculté n'entend donner aucune approbation ni improbation aux opinions émises dans les thèses; ces opinions doivent être considérées comme propres à leurs auteurs.

UNIVERSITÉ DE PARIS. — FACULTÉ DE DROIT

DES CONDITIONS DE LA CAPACITÉ CIVILE ÉTUDIÉES AU POINT DE VUE DE L'ÉTAT PSYCHOLOGIQUE DE L'AGENT

PAR

Georges LUCASIEVICZ

THÈSE POUR LE DOCTORAT

Présentée et soutenue le mercredi 21 mars 1900, à 8 heures 1/2

Président : M. SALEILLES, *professeur*

Suffragants MM. BOISTEL, GARÇON *professeurs*

PARIS

LIBRAIRIE DE LA SOCIÉTÉ DU RECUEIL GÉNÉRAL DES LOIS ET DES ARRÊTS
ET DU JOURNAL DU PALAIS

Ancienne Maison L. LAROSE & FORCEL

22, rue Soufflot, 22

L. LAROSE, Directeur de la Librairie

1900

UNIVERSITÉ DE PARIS. — FACULTÉ DE DROIT

DES CONDITIONS

DE LA

CAPACITÉ CIVILE

ÉTUDIÉES AU POINT DE VUE

DE

L'ÉTAT PSYCHOLOGIQUE DE L'AGENT

PAR

Georges LUCASIEVICZ

THÈSE POUR LE DOCTORAT

(Présentée et soutenue le mercredi 21 mars 1900, à 8 heures 1/2

Président : M. SALEILLES, *professeur*

Suffragants { MM. BOISTEL / GARÇON } *professeurs*

PARIS

LIBRAIRIE DE LA SOCIÉTÉ DU RECUEIL GÉNÉRAL DES LOIS ET DES ARRÊTS
ET DU JOURNAL DU PALAIS

Ancienne Maison L. LAROSE & FORCEL

22, rue Soufflot, 22

L. LAROSE, DIRECTEUR DE LA LIBRAIRIE

1900

A MA FEMME

INTRODUCTION

On entend par capacité civile la qualité qu'appartient à toute personne d'exercer librement les droits que la loi lui confère. « Les personnes sont, en effet, les hommes envisagés sous le rapport du droit (1). »

Cette définition ne doit pas être prise dans un sens trop large ; les art. 7 et 8 du Code civil, en effet, ont pour résultat d'en restreindre la portée, en tant qu'ils accordent la jouissance des droits civils aux Français seuls.

L'art. 11, il est vrai, admet une égalité de traitement juridique, par voie de réciprocité pour les étrangers, mais du texte même ressort la possibilité de difficultés, quant à la jouissance de ces droits

(1) Demante et Colmet de Santerre, *Cours analytique de Code civil*, 3e éd., 1895, t. I, n° 13, p. 63.

par les étrangers, toutes les fois que ceux-ci ne remplissent pas les conditions exigées par le dit article. Cependant, il serait faux et injuste de méconnaître que, contrairement au droit romain et à l'ancien droit français, qui, au point de vue de la jouissance des droits civils, faisaient une différence fondamentale entre pérégrins et citoyens romains, aubains et nationaux, le droit moderne a une tendance très marquée à reconnaître la jouissance de ces droits à tous les individus, abstraction faite de leur origine. La jurisprudence, suivant en cela le progrès du droit international, tend également à faire perdre son importance à l'ancienne distinction (1).

Quoiqu'il en soit, à cet égard, la jouissance des droits civils est accordée à toute personne, tel est le principe du droit moderne. La portée d'application peut cependant, en fait, se heurter à des impossibilités dont l'effet est d'empêcher le titulaire des droits de les exercer. Ces impossibilités pratiques peuvent avoir comme raison, soit l'âge qui, cela est d'évidence, empêche les individus de faire un usage juste et raisonnable de leurs facultés, soit des maladies mentales dont l'effet est de rendre ceux qui en sont atteints incapables de se conduire et de me-

(1) M. Pillet, *Essai sur les droits fondamentaux des Etats*, p. 25, et Thomas, *La condition des étrangers et le droit national* dans la *Revue générale de droit international public*, t. IV, année 1897, p. 160 et s.

surer la valeur juridique et obligatoire de leurs actes.

C'est l'incapacité résultant de l'état mental de la personne qui fera l'objet de notre étude. Nous donnerons pour commencer un *rapide* aperçu historique.

CHAPITRE PREMIER

NOTIONS HISTORIQUES

§ I. — *Droit romain.*

A Rome, la personne qui réunissait le triple « status » : « libertatis », « civitatis » et « familiæ », seule, avait la capacité de droit ; en d'autres termes, l'aptitude à être le sujet de droits et devoirs légaux, à jouer un rôle dans la vie juridique (1). N'appartenant pas à tous les hommes, la personnalité était un privilège soumis à certaines conditions. A raison de leur état mental, certains êtres se trouvaient privés, en fait, de l'aptitude nécessaire pour exercer les droits dont l'ensemble constituait pour elle la capacité de droit ; ils se trouvaient ainsi atteints d'une incapacité les mettant dans l'impossibilité d'administrer leurs patrimoines et motivait, pour la direction de ces fortunes, l'intervention d'un tu-

(1) Paul Dig, 4, 5, *De capite minutis*, 11.
M. Girard, *Manuel Elémentaire de Droit Romain*, p. 87.

teur ou curateur. Cette incapacité, d'ailleurs, n'était point générale, elle s'examinait en pratique, spécialement à l'occasion de chaque acte passé par la personne atteinte de maladie mentale, et c'est seulement à raison de la prolongation de cet état qu'intervenait la nomination d'un tiers appelé à diriger et administrer le patrimoine pendant toute la durée de la maladie.

L'incapacité du fou, commandée par la nature elle-même, suit avec une précision absolue les variations de la nature, qui marque seule son commencement, sa fin, ses interruptions, telle est l'idée dont s'inspira la législation romaine.

A cet effet, la loi des XII Tables prenait déjà certaines mesures de protection au sujet des personnes atteintes d'insanité d'esprit; mais, ce faisant, le législateur semblait guidé par un besoin de protéger bien plutôt les intérêts de la famille que ceux du fou lui-même (1).

En conséquence, il assignait un curateur aux *furiosi*, ne s'occupant ainsi que de ceux dont le dérangement intellectuel se manifeste à l'occasion par des idées extravagantes ou des violences, mais par ailleurs laisse place à des intervalles lucides (2). Cette folie constitue, cela va de soi, une cause per-

(1) M. Girard, *loc. cit.*, p. 215.

(2) M. Accarias, *Précis de droit Romain*, I, n° 167.

manente de danger pour la personne elle-même aussi bien que pour les autres individus. Plus tard, le prêteur accorda cette protection à tous les aliénés sans distinction ; de cette mesure se dégagea le principe qui forme le véritable fondement de la doctrine romaine, à savoir que l'absence d'une volonté libre, nécessaire à l'homme pour exercer les actes de la vie civile, le rendait, pour tout le temps où elle durait, incapable de fait. *Furiosi... nulla voluntas est...* (1). *Furiosus nullum negotium gerere potest quia non intelligit quid agat* (2). Or, tout dérangement de l'état mental rendant ainsi l'individu incapable de se diriger, parlant de faire tout acte valable, est tellement dépendant d'une question de fait, que la règle de protection fut colloquée sur l'incapacité matérielle elle-même : le fou qui venait à recouvrer, même temporairement, sa raison, recouvrait, *ipse facto,* sa capacité pleine et entière. La survenance d'un intervalle lucide éteignait les pouvoirs du curateur définitivement, ou seulement les suspendait provisoirement, selon que l'on se place à une époque antérieure ou postérieure à Justinien.

Dès lors, la validité des actes d'une personne atteinte d'aliénation mentale, était subordonnée à l'examen de chaque cas en particulier. Incapacité

(1) Dig. L., 17. *De diversis regulis juris antiqui,* 40.

(2) Gaius, 3, 106.

totale et absolue pour l'acte fait en état d'aliénation mentale, au contraire, parfaite validité de l'acte fait pendant un intervalle lucide.

Tels sont les principes qui dominent la matière. Il en résulte que la loi romaine n'organisait pas un système d'incapacité artificielle, présentant un caractère de continuité telle que celle dont était frappé le prodigue interdit, ayant son point de départ dans la mesure frappant l'interdit et son terme dans la cessation de cette mesure prononcée par le magistrat. Les *furiosi*, *amentes, dementes*, *mente capti* (peu importent les distinctions établies pour caractériser les divers genres d'aliénation mentale) tout autant qu'ils étaient sous l'empire de la maladie, se trouvaient dans l'impossibilité de fait de faire valablement un acte juridique quelconque. C'était donc une incapacité naturelle modelée sur la nature (1) commençant avec la folie et finissant avec elle. Ce système présente, en droit, un reflet de cette supériorité logique qui caractérise et distingue les jurisconsultes romains, mais en fait, elle devait présenter une multitude de difficultés et de dangers, cela ne fait point doute, surtout si l'on songe à l'aide très insuffisante que la science médicale d'alors pouvait apporter, toutes les fois qu'une contestation s'élevait

(1) Girard, *loc. cit.*, 214, note 4.

sur un acte émanant d'une personne atteinte d'aliénation mentale.

§ II. — *Ancien droit français.*

L'ancien droit français suivit dans les pays de droit écrit le système employé par le droit romain vis-à-vis des personnes atteintes d'aliénation mentale. Un curateur était nommé et sa charge durait autant que la démence ; cessant de plein droit avec elle, de manière, nous dit Meslé (1), « que si la folie « ne prend que par accès et que le furieux ait des « moments où le bon sens lui revienne, dans ces « moments l'effet de la charge du curateur cesse, et « reprend sa force quand l'accès de la folie revient. »

Par ailleurs, le droit coutumier emprunta au droit romain l'interdiction que celui-ci avait établie à l'encontre des prodigues ; interdiction arbitraire quant à la fixation de son point de départ et de son terme, établie et arrêtée par décret, basée enfin sur une distinction systématique et *a priori* des actes rendant la condition meilleure ou la condition pire, pour l'étendre aux personnes en état d'imbécillité ou de démence. Ainsi fut créée une incapacité en dehors

(1) *Traité des minorités*, ch. XIII, p. 437.

des principes du droit commun, car « le jugement « d'interdiction fixe l'état de la personne interdite et « le fixe d'une manière qui fait toujours présumer « la personne au même état, jusqu'à ce qu'il soit « établi par un acte d'une foi égale au jugement « d'interdiction, que l'état de la personne est « changé, sans quoi la cause de l'interdiction est « toujours présumée subsister (1) ».

L'introduction de cette incapacité de droit n'empêche toutefois pas l'existence de l'incapacité naturelle fondée sur le défaut de raison ; Pothier l'affirme catégoriquement ; il est évident — dit-il (2) — que, « ni les mineurs ni les fous ne peuvent contracter « par eux-mêmes. Tous les contrats faits par un fou, « quoique avant son interdiction, sont nuls, si on « peut justifier que, dès le temps du contrat, il était « fou ; car c'est la folie qui seule et par elle-même, « le rend incapable de contracter, indépendamment « de la sentence d'interdiction qui sert seulement à « constater la folie. »

L'idée de protection de l'individu et de la famille conduisit ainsi à tirer de la démence une présomption légale d'incapacité continue et ne s'effaçant que par la main-levée de l'interdiction.

Cette même idée de protection amena certaine-

(1) D'Argentré, sur l'art. 490 de l'*Anc. Cout. de Bretagne.*
(2) Pothier, *Obligations*, n°s 49 à 51.

ment à ce que l'on maintint du droit romain l'interdiction pour cause de prodigalité et qu'on alla même jusqu'à l'admettre pour cause de dérèglement des mœurs ; nouvelle preuve, indiscutable même, que le législateur faisait entrer en ligne de compte, avant tout, la considération familiale.

Il est vrai que tous les interdits n'étaient pas soumis au même régime (1) ; les uns étaient dits en état d'interdiction parfaite, les autres soumis à une interdiction modifiée, qui les mettaient dans un état qu'on pourrait, toutes proportions gardées, rapprocher à celui du mineur émancipé.

L'incapacité résultant de l'interdiction parfaite, conséquence d'un jugement qui déclarait l'individu « débilité de sens (2) », était absolue, et dès lors les actes faits par un pareil interdit étaient entachés d'une nullité absolue (3). Néanmoins cette solution n'était pas admise sans discussion quant aux actes personnels, c'est-à-dire quant à ceux dont le caractère propre est de rendre incompréhensible ou impossible la représentation de l'incapable par son tuteur. Tel était le mariage contracté pendant un intervalle lucide. Pothier (4) et de nombreux auteurs admettaient la validité de l'acte ; dans le nouveau

(1) Merlin, Repert. V. *Interdiction.*

(2) Meslé, *loc. cit.*, p. 457.

(3) Pothier, *Oblig.*, II, n° 52.

(4) *Id.*, t. VI, p. 38.

Denizart (1), au contraire, cette opinion est vivement combattue. Même discussion et mêmes avis divergents quant aux donations ou testaments faits par l'interdit au cours d'un intervalle lucide. Nous n'avons pas à prendre parti ici sur ces questions, il doit nous suffire d'avoir signalé l'existence de cette controverse déjà née dans l'ancien droit et qui, dans le droit moderne, était destinée à faire l'objet de vives discussions dans la doctrine, et à donner naissance à des décisions jurisprudentielles contradictoires.

A la vérité, les causes qui donnaient lieu à une interdiction étaient nombreuses, et bien souvent elle fut prononcée sans grand examen, cependant on ne saurait oublier ou omettre cette particularité : la doctrine et la jurisprudence se montrèrent presque toujours favorables à la reconnaissance d'une situation intermédiaire et mixte entre l'incapacité absolue, résultant de l'interdiction, d'une part, et la capacité ordinaire du droit commun, d'autre part. — Il était, en effet, d'usage de laisser, selon les cas, aux personnes dont la maladie était d'une gravité médiocre et laissait un assez sérieux espoir de guérison, une capacité plus ou moins complète. Maintes fois même les juges se bornaient à donner à ces incapables de fait, purement et simplement un conseil, sans l'assistance duquel ils ne pouvaient faire certains actes,

(1) *Empêchements de mariage*, t. VII, p. 258.

ceux pour lesquels la capacité avait été réservée ; c'était ainsi un système d'interdiction partielle. Merlin (1) cite des cas assez nombreux où cette jurisprudence fut appliquée, certains sont curieux : il rapporte notamment un exemple de la dation d'un conseil à un individu qui avait la manie des procès ; c'était prévenir et donner une solution à cette « espèce de folie » qui fait, à l'heure présente, l'objet de vives discussions dans le monde juridique et médical allemand (2).

§ III. — *Droit moderne.*

Le droit moderne a eu le souci de poser des principes inflexibles quant au règlement des incapacités de droit. Il ne s'occupe pas de l'incapacité naturelle frappant tout individu atteint d'aliénation mentale suivant les progrès de la maladie, apparaissant avec celle-ci, disparaissant, au contraire, avec chaque retour, même temporaire de la raison. Partisan du système artificiel, il exige pour tout acte un consentement valablement donné. Ce principe posé il dé-

(1) Merlin, Repert. V. *Interdiction.*

(2) V. Endemann, *Einführung in das Studium des Bürgerlichen Gesetsbuchs*, t. I, p. 138, et les Drs Kraeplin « Psychiatrie », p. 407, et Hitzig « Querulantenwahnsinn », cités par lui.

clare entaché virtuellement de nullité absolue tous ceux auxquels manque ce consentement.

Le Code civil crée donc une incapacité de droit : l'interdiction ; une présomption légale résulte du jugement d'interdiction ; la cause qui a motivé cette mesure est considérée comme ayant un caractère de continuité, de nature à fonder une incapacité absolue ne laissant place ainsi à aucune discussion, et parfois même rétroagissant quant à son effet. Ayant ainsi créé l'incapacité de droit, dans un but de protection, la loi en réglemente le mécanisme, les causes, les effets et la sanction.

Mais en dehors de ces hypothèses spécialement déterminées, il sera toujours permis d'attaquer un acte quelconque, en prouvant que la personne qui l'a consenti était, au moment même de sa passation, privée de la raison.

Virtuellement, tout individu qui n'a pas conscience de ses actes, qui est privé de sa raison pour une cause pathologique quelconque, est frappé d'une incapacité de fait, fondée sur une idée de défaut de consentement. Or, sans consentement, condition exigée pour donner à un acte une valeur réelle, l'acte sera nul. Ce principe ne fait aucun doute, et sans être spécialement déterminé par un texte précis, il se dégage de l'ensemble des règles concernant le consentement. Dès lors, sauf une seule exception relative aux donations entre vifs et aux testaments pour lesquels le Code, avec l'article 901, détermine la capacité requise pour disposer à titre gratuit, nous serons guidés par les principes généraux pour déterminer les causes qui peuvent donner lieu à l'incapacité de fait et la nature des effets qui en sont la conséquence (1).

Avant d'entrer dans l'étude de l'incapacité tant de fait que de droit de la législation française, nous croyons utile de donner ici un rapide aperçu sur « la loi fédérale sur la capacité civile du 22 juin 1881 » et sur la partie du nouveau Code allemand qui régit cette matière. Nous indiquons ainsi l'évolution qu'ont suivie les diverses législations dans la matière qui fait l'objet de notre étude ; cela nous servira aussi pour avoir un terme de comparaison qui marque la place qu'occupe, dans cette évolution, la loi française.

A. — La Suisse, poursuivant l'unification de sa législation civile, s'arrêta, dans un but pratique, à s'occuper de la « législation sur toutes les matières du « droit se rapportant au commerce et aux transac- « tions mobilières (droit des obligations y compris « le droit commercial et le droit de change) », art. 64 de la Constitution de 1874. C'est dans le Code fédéral des obligations, adopté le 19 juin 1881, que nous

(1) Beudant, *Cours de Droit civil français*, t. II, n° 952, p. 572.

trouvons — art. 29 et s. — la partie qui traite de la capacité de contracter. Mais le même article de la Constitution disposait encore que « la législation sur « la capacité, sur toutes les matières du droit se rap- « portant au commerce et aux transactions mobi- « lières... est du ressort de la Confédération ».

La loi sur la capacité civile du 22 juin 1881, est, dès lors, l'appendice du Code des obligations, et il existe effectivement une évidente connexité entre elles (1).

Cela est presque d'évidence : c'est l'une des conditions essentielles à la formation régulière des obligations valables que l'existence, dans la personne de chaque contractant, d'une capacité entière à subir les liens du droit. Elle détermine donc, les cas dans lesquels une personne est capable, et par *a contrario*, incapable d'exercer ses droits, en distinguant ce que M. Rossel (2) appelle : *le côté actif* de la capacité civile — Handlungsfaehigkeit — c'est-à-dire la capacité de s'obliger personnellement, d'acquérir ou de s'engager de son propre chef, d'agir par soi-même et sans l'intermédiaire d'un représentant légal, par opposition à ce qu'il dénomme la capacité de jouir de certains droits par-

(1) Virgile Rossel, *Manuel du Droit fédéral des obligations*, p. 69.

(2) *Id.*, p. 69.

ticuliers, d'acquérir des droits passivement, sans manifestation personnelle de volonté — Rechtsfaehigkeit.

Or, cette capacité varie avec l'âge et l'état physique, intellectuel ou moral des individus. De là, le soin qu'à pris la loi, d'une part, de fixer l'âge de la majorité et, d'autre part, de déterminer les cas qui frappent le majeur d'incapacité, le privant du libre exercice de ses droits. Voici les cas, tels qu'ils sont formulés dans l'art. 4 de la loi : *Les personnes qui n'ont pas conscience de leurs actes, ou qui sont privées de l'usage de leur raison, sont absolument incapables tant qu'elles se trouvent en cet état.*

Ce texte est la reproduction de l'art. 31 du Code des obligations. Il aboutit, dans la généralité de ses termes, à frapper d'une incapacité absolue, non seulement les mineurs privés de discernement, et les personnes atteintes d'une maladie mentale, guérissable ou non (peu importe, tant que cette guérison n'est point intervenue et officiellement constatée), mais encore toutes celles qui peuvent priver de l'usage de la raison par suite d'une cause passagère et fortuite, telle que l'ivresse (1).

Ceci étant posé, il est loisible de dire que la loi s'occupe de l'incapacité naturelle dérivant de l'im-

(1) M. Rossel, *loc. cit.*, p. 79.

possibilité, soit physique, soit morale, de donner un consentement conscient à un acte juridique quelconque, pour déclarer et entacher d'une nullité absolue tout acte accompli en semblable état. C'est une généralisation de la théorie des actes inexistants et des conséquences qui découlent d'ordinaire de cette théorie.

Ce n'est point tout; l'art. 5 de la même loi dispose : *Les lois cantonales peuvent priver de la capacité civile, soit pour certains actes, soit totalement :*

1° *Les prodigues et les personnes atteintes de maladies mentales ou physiques qui les rendent incapables d'administrer leurs biens, ainsi que les personnes qui, par la manière dont elles administrent leur fortune, s'exposent, elles ou leurs familles, à tomber dans le besoin ;*

2° *Les personnes qui se soumettent volontairement à la tutelle ou à la curatelle* ;

3° *Les individus condamnés à une peine emportant privation de la liberté, pendant la durée de cette peine.*

Les cantons fixent la procédure à suivre.

La combinaison de ce texte avec le précédent est fécond en conséquences; il convient de ne point la négliger et surtout de bien remarquer qu'elle s'occupe, tout à la fois, des personnes dont le sort a préoccupé toutes les législations, et aussi d'autres personnes que l'on n'est pas encore très accoutumé,

— mais nul doute à tort — à voir entourer de la sollicitude législative. Pour les unes comme pour les autres elle crée une incapacité spéciale, qui, suivant les cas, est ou peut être totale ou partielle.

Cette protection, en effet, embrasse non seulement les personnes atteintes de maladie mentale et de faiblesse d'esprit, mais encore celles qui, « par la « manière dont elles administrent leur fortune, s'ex- « posent, elles ou leur famille, à tomber dans le be- « soin ; ainsi que celles qui se soumettent volon- « tairement à la tutelle ou à la curatelle ». Et son effet est de faire tenir comme nuls tous les actes passés par elles, postérieurement à l'accomplissement des mesures de publicité édictées par l'art. 6 de la loi. L'avantage de ces mesures, tout comme leur nécessité à l'égard des tiers, est si évident qu'il est inutile d'y insister.

Ce même art. 6 assimile l'interdit au mineur et dit que ses actes produiront les mêmes effets que ceux reconnus par les art. 30, 32, 33 et 34 du C. O. aux contrats conclus par les personnes de capacité restreinte (1).

Voici les textes : Art. 30 : *Les mineurs et les majeurs privés de la capacité de contracter ne peuvent s'obliger ou renoncer à des droits qu'avec le consentement de leur représentant légal.*

(1) Rossel, *loc. cit.*, p. 74.

Ils n'ont pas besoin de ce consentement pour intervenir dans un contrat ayant uniquement pour but de leur conférer des droits ou de les libérer d'une obligation.

Donc le mineur et l'incapable pourront agir chaque fois que le contrat dans lequel ils interviennent « aura pour but de lui conférer des droits ou de le libérer d'une obligation » ; et en effet, comme le remarque M. le professeur F. H. Mentha : « il ne faut « pas que l'incapacité dépasse le but que la raison « lui assigne et personne ne doit être plus incapable « que son intérêt ne l'exige. Où le danger disparaît, « la protection est inutile, et il n'est pas besoin de « beaucoup d'esprit pour s'enrichir des largesses « d'autrui » (1).

Donc, l'incapable a besoin d'un représentant pour pouvoir s'obliger valablement ; l'art. 32 détermine quels seront les effets des actes passés à l'encontre de cette disposition : *Le contrat fait sans le consentement requis peut être ratifié, soit par le représentant légal, soit par le contractant lui-même, si celui-ci est devenu capable dans l'intervalle.*

L'autre partie cesse d'être liée si le contrat n'est pas ratifié dans un délai convenable fixé par elle ou, sur sa demande, par l'autorité compétente.

Faculté est donc laissée de demander l'annulation ou l'exécution de l'acte selon que celui-ci est ou

(1) Cité par M. Rossel, *loc. cit.*, p. 76.

n'est pas avantageux à l'incapable. Cet article fournit en même temps à la partie contractante capable un moyen de mettre un terme à l'incertitude dans laquelle se trouve, par la mise en demeure adressée au représentant de l'incapable ou à celui-ci, de faire connaître leur volonté quant à l'exécution de l'acte intervenu.

L'art. 5 de la loi sur la capacité prévoit néanmoins que les lois cantonales peuvent priver de la capacité soit pour certains actes, soit totalement. Il résulte de cette disposition qu'une personne pourra être privée totalement de sa capacité, et que les actes passés par elle seront nuls dans les limites de l'assimilation faite par l'art. 6. Quant à l'incapacité partielle, elle sera régie spécialement par les lois cantonales.

Enfin, pour terminer, signalons la situation créée par l'art. 34 du Code des obligations *à celui qui, n'ayant pas la pleine capacité de contracter, exerce seul avec l'autorisation expresse ou tacite de son représentant légal, une profession ou une industrie, s'oblige sur tous ses biens pour les affaires rentrant dans l'exercice régulier de cette profession ou de cette industrie.*

C'est une sorte de capacité partielle accordée en faveur de certains incapables dans le but de leur être utile, sans pour cela que la liberté qui leur est accordée préjudicie en rien aux intérêts des tiers.

En Allemagne, le nouveau Code civil s'occupe, dans son livre Ier, *de la capacité de contracter*. C'est là le siège de la matière relative à la capacité civile des personnes, déterminant quelles sont les conditions requises pour qu'une personne puisse exiger les garanties que la société juridiquement organisée lui confère. Il est toutefois à remarquer que, bien que le titre semble envisager seulement la partie des obligations, sa portée d'application est autrement grande ; elle embrasse, en effet, d'une manière générale, la capacité personnelle dans sa manifestation en tout acte prévu par le Code civil. C'est pourquoi on emploie en doctrine le mot de « capacité de rapports » — Verkersfaehigkeit — pour désigner le véritable sens de ce titre (1).

Toute personne a droit à la protection des lois et, en principe elle possède l'exercice plein et entier de ses droits, mais des considérations qui ont leur source dans la nature même, peuvent néanmoins la frapper de certaines incapacités que la loi positive est appelée à fixer et en déterminer les effets.

Le Code allemand dans la partie indiquée régit les incapacités naturelles, dérivant d'une impossibilité physique qui entrave toute libre déclaration de volonté.

(1) Dr Endemann, *Einführung in das Studium des Bürgerlichen Gesetsbuchs*, vol. I, p. 101 et 105.

En effet, l'art. 104 (1) déclare incapable de contracter :

1° *Celui qui n'a pas sept ans accompli*;

2° *Celui qui se trouve dans un état de trouble maladif de l'esprit excluant la liberté de la volonté, pour autant que cet état ne soit pas passager de sa nature*;

3° *Celui qui est interdit du chef de maladie mentale.*

Ainsi, pour le mineur, le Code emprunte la distinction que faisaient les Romains entre *infantes* et *infantiæ proximi*, pour déclarer absolument incapable, de même qu'à Rome, l'enfant mineur de 7 ans; par contre, les mineurs qui ont accompli cet âge jouiront d'une capacité restreinte, régie par les art. 107-113.

En second lieu, une incapacité absolue et de même nature frappe les personnes atteintes d'un trouble maladif de l'esprit excluant la liberté de volonté, et les mêmes personnes quand elles sont interdites.

Donc, en vertu de ce texte, les personnes y désignées se trouvent dans un état d'incapacité qui leur interdit de prendre part personnellement à *tout acte juridique*, de quelque nature que soient ces actes. Un grand nombre de textes prouvent, en effet, que la

(1) Code civil allemand promulgué le 18 août 1896, traduit et annoté par O. de Meulenaere.

capacité requise pour contracter est exigée généralement pour des actes de la vie juridique qui n'ont cependant aucun rapport avec la partie spéciale des obligations. C'est ainsi que « l'incapable de contracter » est empêché par l'art. 8 d'établir ou d'abandonner son domicile sans la volonté de son représentant; les art. 1336 et 1340 établissent la manière dont une annulation de mariage peut être demandée quand l'une des parties est incapable; le deuxième alinéa de l'art. 1595 indique également comment pourra être contestée la légitimation d'un enfant, dans le cas où le mari est « incapable de contracter »; enfin, sans entrer davantage dans les détails, signalons, qu'on enlève à l'incapable de contracter la puissance paternelle (art. 1676); le droit d'être tuteur (art. 1780); celui d'être membre dans un conseil de famille (1865); ou encore celui de tenir les fonctions d'exécuteur testamentaire (2201); que la faculté de disposer de ses biens par testament (2229) lui est enlevée; et que le mariage lui est prohibé (art. 1304 et 1340).

Prises dans ce sens large, les règles de la capacité de contracter établissent la position de droit des personnes atteintes d'une maladie mentale, en tirant une cause d'incapacité de la maladie même. C'est donc une incapacité de fait qui devra être examinée pour chaque cas en particulier; et en effet l'art. 104, al. 3, déclare l'interdit du chef de maladie mentale incapable tout comme le même malade qui n'est pas interdit. — L'interdiction, mesure prise dans l'intérêt du malade et de la société, servira, dès lors, plutôt comme moyen de nature à faciliter la preuve de l'incapacité, car en créant à l'individu une situation déterminée par un jugement, en prouvant l'interdiction il aura par cela même prouvé son incapacité dans tous ses rapports juridiques. Quand l'interdiction n'a pas été prononcée, la constatation de l'état mental d'un individu entraîne la même incapacité avec toutes ses conséquences, l'examen seulement devra en être fait pour chaque cas au sujet duquel on veut se prononcer (1).

Dès lors, toute personne, sans distinction, privée de l'usage de la raison, est frappée d'une incapacité complète qu'elle pourra toujours prouver : même si elle n'est pas interdite, et surtout, même si elle meurt sans qu'on ait pris à son égard cette mesure ; mais encore une fois, celui qui invoque l'existence d'un trouble mental doit le prouver (2). A cet égard, bien que le texte exige un état qui ne soit pas passager de sa nature, cette preuve est toujours assez difficile à faire, et c'est pourquoi le Code allemand, dans le but de protéger les malheureux atteints de maladies mentales, et aussi pour assurer les rap-

(1) Endemann, *loc. cit.*, p. 128.
(2) *Id.*, p. 162.

ports juridiques, donne la possibilité d'enlever une fois pour toutes la capacité à ces personnes en provoquant contre elles l'interdiction.

Envisagé dans ses effets, l'interdiction du Code allemand a pour conséquence de créer une situation de droit, dont les effets sont expressément déterminés, selon qu'elle enlève totalement la capacité de contracter de l'interdit ou bien qu'elle la lui restreint seulement.

Quant aux causes de la mesure, elles sont, par l'art. 6, prévues limitativement ; ces causes d'ailleurs sont beaucoup plus étendues que celles données par la loi française.

Les voici : *Peut être interdit :*

1° *Celui qui, par suite de maladie mentale ou de faiblesse d'esprit, est dans l'impossibilité de gérer ses affaires* ;

2° *Celui qui, par sa prodigalité, s'expose ou expose sa famille à tomber dans l'indigence* ;

3° *Celui qui, par suite d'ivrognerie, est dans l'impossibilité de gérer ses affaires, expose sa famille à tomber dans l'indigence, ou compromet la sûreté d'autrui* ;

L'interdiction est levée lorsque la cause en a disparu. — Nous voyons donc un champ beaucoup plus large donné à l'interdiction. Le législateur attribue, en effet, à cette mesure une si grande portée protectrice qu'il va jusqu'à l'accorder, non seulement pour enlever la capacité des personnes dont les facultés mentales sont plus ou moins complètement altérées, mais aussi pour empêcher ceux qui, pour cause de prodigalité ou d'ivrognerie, s'exposent eux-mêmes ou exposent leurs familles à tomber dans l'indigence. Il est vrai, cependant, que suivant les hypothèses et les causes de la mesure, les effets produits seront différents : tantôt incapacité absolue, tantôt capacité restreinte. Chaque espèce d'interdiction est comme une cause produisant des effets spéciaux, indépendamment de certains autres qui sont généraux à tous les interdits.

Avant d'indiquer les conséquences spéciales entachées à chaque espèce d'interdiction en particulier, signalons les effets qui se rapportent à toutes sans distinction.

Tout interdit, absolument privé de capacité ou bien ayant une capacité restreinte, ne pourra pas être tuteur, ou membre dans un conseil de famille (art. 1780 et 1865).

Quand c'est le mari qui est interdit — sans distinction de cause — il est accordé à la femme de demander la cessation de l'administration et de la jouissance, art. 1418, al. 3; de retenir la contribution aux dépenses du ménage, art. 1428, al. 2. — La puissance paternelle est suspendue ou exercée par l'interdit concurremment avec son représentant, suivant que l'interdiction est totale ou partielle, art. 1676.

L'interdit pour cause de maladie mentale ne peut jamais se marier; les interdits dont la capacité est seulement restreinte le peuvent, mais doivent obtenir le consentement de leur représentant, art. 1304.

Enfin, l'interdit pour toute cause ne peut faire un testament, art. 2229.

L'interdiction pour cause de maladie mentale entraîne une incapacité absolue dont l'effet est désigné par l'art. 104 qui déclare cet interdit : « incapable de contracter ».

La loi se sert, pour désigner les causes d'interdiction, de l'expression : « maladie mentale », ce qui ne donne pas à l'expression une valeur absolue et lui permet tout aussi bien d'embrasser tant la catégorie des maladies qui altèrent la raison de l'individu, que celles qui arrêtent son développement intellectuel, autrement dit les fous et les idiots. Le critérium qui servira de base pour faire ordonner cette interdiction, se trouvera dans le degré de la maladie, qui doit faire du patient une personne incapable de gérer raisonnablement ses affaires et de prendre part à tout rapport juridique (1). Dès lors ce sont les maladies graves et nettement caractérisées qui donneront lieu à cette interdiction, qui, entraînant une complète incapacité, sera considérée comme le plus efficace effet juridique accordée en faveur du patient.

(1) Endemann, *loc. cit.*, p. 160.

Le même critérium servira pour déclarer une personne incapable de contracter, conformément à l'art. 104, al. 2. Chaque texte envisage une situation différente, ce dernier permet que l'on puisse attaquer un acte et le mettre à néant en prouvant qu'il a été passé par une personne se trouvant dans un état de trouble maladif « excluant la liberté de volonté, pour autant que cet état ne soit pas passager de sa nature » ; l'art. 6 al. 1, au contraire, indique les conditions requises pour obtenir l'interdiction d'une personne atteinte du même mal. Et, comme d'ailleurs, l'interdiction ne produit ses effets qu'à partir du jugement, tous les actes antérieurs sont considérés comme valables ; ce n'est donc qu'en ayant recours à l'art. 104, que l'on sera autorisé à administrer la preuve qu'au moment où l'acte a été passé, l'interdit dont il est question était déjà atteint d'aliénation mentale et partant incapable de contracter.

La faiblesse d'esprit, la prodigalité et l'ivrognerie sont également des causes d'interdiction produisant des effets moins graves que ceux de l'interdiction prononcée pour cause de maladie mentale. — Les individus contre lesquels cette mesure aura été prise, seront assimilés aux mineurs ayant plus de 7 ans (art. 114) et dès lors leur capacité sera réglée conformément aux art. 107-113 : capacité de s'engager dans des contrats leur procurant un avantage juridique ; nécessité pour tout contrat fait par eux d'obtenir, pour sa validité, l'approbation du représentant légal; droit à obtenir l'autorisation d'exercer une profession lucrative; possibilité de contracter un mariage avec le consentement de leur représentant. — Une chose leur demeure pourtant interdite, et ce, malgré l'assimilation faite par l'art. 114, c'est la disposition de leurs biens par testament (article 2229).

Il y a lieu de reprendre chacune de ces causes d'interdiction.

La faiblesse d'esprit est considérée, dans le Code allemand, comme une maladie mentale (1), qui, tout

(1) Endemann, *loc. cit.*, § 34, p. 158, note 2.

Le premier projet ne se rapportait qu'à la faiblesse d'esprit considérée comme un développement insuffisant des fonctions mentales par opposition au manque de la capacité de la libre déclaration de volonté, ce qui n'excluait pas la capacité de contracter et partant ne donnait lieu ni à l'interdiction ni à un placement sous tutelle (Motifs I, 62, § 28). Dans le cas où un individu, à raison de son infirmité mentale, était dans l'impossibilité de gérer son patrimoine, l'art. 1739 permettait la nomination d'un représentant, mais cela ne limitait nullement la capacité de contracter de l'individu.

A la deuxième lecture cette disposition fut maintenue, mais ne devait plus être appliquée que dans le cas où le patient n'aurait pu gérer que *certaines de ses affaires*.

La critique que l'on fit à cette disposition accentuait surtout que cette protection était insuffisante, car, disait-on, ce sont précisément les faibles d'esprit qui ont le plus besoin d'être placés sous tutelle, vu que leur état peut facilement être dissimulé aux autres et même au patient (V. surtout l'influence de Mendel, en enlevant à l'individu qui en est atteint la possibilité de gérer raisonnablement ses affaires, lui laisse néanmoins une capacité suffisante pour qu'on puisse l'assimiler au mineur ayant plus de 7 ans. C'est donc toujours dans le domaine psychiatrique que l'on devra chercher les causes qui peuvent autoriser cette interdiction; dès lors, il est étrange et l'on peut, à très bon droit, s'étonner de voir que les raison-

dans le rapport de la Commission parlementaire, I, 55, IV, 502). Suivant Mendel, la faiblesse d'esprit est une espèce de la maladie mentale, et dès lors l'interdiction que cette dernière entraîne, doit être étendue aussi pour les cas de faiblesse d'esprit. Après de nombreuses discussions, la deuxième Commission décida que la faiblesse d'esprit sera considérée comme une maladie mentale et non pas comme une infirmité corporelle ; cela donnait lieu à une troisième catégorie qui puisait ses éléments dans l'infirmité, mais dont les effets étaient ceux produits par la maladie mentale. Il y aura donc lieu de suivre la procédure de l'interdiction.

Mais comme on avait reconnu que la maladie mentale embrasse aussi la faiblesse d'esprit et qu'une différence certaine ne peut être établie (Prot. 6505) il a été décidé à la dernière revision qu'il doit exister pour le législateur des états d'imperfection mentale, qui, suivant la conception commune, ne peuvent être comptées comme des maladies mentales. La différence que l'on fait en pratique entre la maladie mentale et la faiblesse mentale doit seulement conduire à distinguer qu'il peut y avoir lieu à deux différents cas d'interdiction. On ne doit pas trop insister sur cette différence et exiger, par exemple, comme signe de la maladie mentale, que le patient ait été privé de sa capacité de contracter avant l'interdiction (Prot. 8355).

C'est de cette discussion qu'est sorti l'art. 6, al. 1, rédigé ainsi que nous le trouvons dans le Code civil.

nements qui ont servi pour interdire le mariage des personnes atteintes d'aliénation mentale, n'ont pas eu la même valeur, alors qu'il s'agissait des faibles d'esprit.

Quoiqu'il en soit, cela sera un des points les plus délicats pour le juge, que d'établir la ligne de démarcation entre une espèce de maladie et l'autre et ce, à l'effet de tirer les conséquences juridiques si différentes qui séparent les deux sortes d'interdictions, alors, cependant, que l'une et l'autre ont leurs origines dans le même dérangement intellectuel.

Cette même interdiction, qui restreint la capacité, peut être ordonnée contre un prodigue, ou plutôt contre celui qui, par sa prodigalité, s'expose ou expose sa famille à tomber dans l'indigence.

C'est dans des considérations d'un ordre social que l'on doit chercher l'explication de cette mesure. La situation du prodigue et de sa famille intéresse la société, car leur indigence peut entraîner l'intervention de l'Assistance publique. Aussi trouvons-nous, dans le C. Pr. C. dans l'art. 621 (1), un alinéa qui a été ajouté pour attribuer à la commune ou à l'Assistance publique le droit de réclamer l'interdiction contre un citoyen pour cause de prodigalité.

Cette cause d'intervention du législateur n'est point absolument nouvelle : en effet, l'interdiction

(1) Endmann, *loc. cit.*, p. 173, note 6.

pour prodigalité avait été déjà appliquée par différentes législations, à Rome, notamment, on ne l'appliquait qu'à cette catégorie de personnes qui dissipaient follement leur patrimoine ; la Suisse l'admit aussi récemment, et les considérations qui les avaient décidées amenèrent aussi le législateur allemand à l'adopter.

Mais une innovation a été admise par le nouveau Code allemand, elle a consisté à ajouter, au cours de la seconde lecture du projet, comme nouvelle cause d'interdiction, l'ivrognerie.

« L'ivrogne est un membre inutile et dangereux « de la société, par l'ivrognerie les crimes se mul- « tiplient, les familles sont en danger et les devoirs « de l'Assistance publique accroissent. L'interdiction « est le premier pas accompli par la législation (1). » On voit, dès lors, le but moralisateur et protecteur de cette disposition. On espère prévenir le mal et corriger le vice. Les effets produits par l'interdiction sont une véritable déchéance ; en restreignant la capacité de l'interdit, la loi, en effet, le fait mettre sous tutelle (art. 1896), la puissance paternelle lui est enlevée (art. 1676-1685) et il devient incapable de faire un testament (art. 2229, al. 3).

Le mot dont se sert la loi, à la vérité, pour désigner la cause d'interdiction, est vague et sa portée

(1) Endmann, *loc. cit.*, p. 174, note 2.

n'est pas nettement déterminée. Il semble, cependant, qu'il ne puisse exister de doute et que l'expression doive être prise dans le sens d'une maladie mentale, résultat d'une intoxication alcoolique (1). Au point de vue social, on doit s'attendre à des résultats satisfaisants qui justifieront, dans l'avenir, cette disposition choquant au premier abord les idées *a priori*, ordinairement reçues sur la liberté individuelle. Il ne faut point méconnaître, cependant, que c'est, dans tous les cas, une arme bien dangereuse dans la main des magistrats, dont le maniement réclamera de leur part une grande attention.

Le Code allemand a pris soin également de régler la capacité des personnes dont la libre déclaration de volonté peut être enlevée à la suite d'un « trouble passager » de l'esprit; l'art. 105, al. 2, prévoit, en effet, et décide la nullité de toute déclaration de volonté donnée en cet état. — Naturellement, par « trouble » on n'entend pas toute altération même insignifiante de la raison, mais seulement un état qui puisse donner lieu, lors de la déclaration de la volonté, à un trouble enlevant toute portée à l'activité intellectuelle, excluant ainsi toute idée de volonté. La preuve de ce trouble devra être faite spécialement pour chaque déclaration de volonté (2).

(1) Endemann, *loc. cit.*, p. 166.
(2) Id., p. 175, note 3.

Enfin, dans une disposition non moins importante et aussi novatrice que les précédentes, l'art. 1910 règle la capacité des personnes atteintes d'une infirmité corporelle ou mentale. A cet égard, il crée une situation particulière, en autorisant l'infirme à se placer sous curatelle, toutes les fois qu'il est incapable de soigner « ses affaires » ou « certains genres « d'affaires et spécialement celles qui concernent « ses biens ». Incapacité qui doit être réclamée et acceptée par l'infirme et aussi levée sur la demande qu'il en fait. — En pareille hypothèse, un curateur joue le rôle de représentant de celui à la requête de qui il a été nommé à ces fonctions.

Cette mesure, qui n'enlève pas complètement la capacité des personnes qui y sont soumises, présente un réel avantage pour celles qui sont atteintes d'une infirmité corporelle, tels que les sourds, muets ou aveugles qui, parfaitement capables en principe, pourront se voir adjoindre un curateur pour leur personne et leurs biens dans tous les cas où ils se jugeront eux-mêmes incapables de gérer leurs affaires.

Le rapide aperçu historique fait à grands traits, et l'aperçu donné de l'état actuel de la législation fédérale et allemande relativement à la capacité civile, a eu le but, dans notre primitif dessein, de montrer comment ce sujet a été compris et résolu dans le cours des temps. Nous avons parlé de ces deux législations parce que ce sont les plus récentes. Œuvres consciencieuses, qui ont tenu compte et des progrès de la science juridique et des réformes introduites dans toutes les codifications modernes, elles marquent la dernière évolution du droit, et semblent tout à la fois devoir réunir des qualités supérieures théoriques et répondre au mieux à tous les besoins de la vie sociale.

Au cours de l'étude qui va suivre et qui, parce qu'elle a été faite — sous l'empire des circonstances — hors de France, nous nous bornerons à examiner les dispositions admises par la législation française à ces fins et après avoir rappelé les principes généraux et indiqué les idées dominantes, nous tâcherons d'indiquer, d'une part, ce qu'il y a d'utile et ce qui peut être retenu de cette législation ; d'autre part, les modifications qu'il conviendrait peut-être d'y apporter.

CHAPITRE II

DE LA CAPACITÉ ET DE L'INCAPACITÉ DANS LA LÉGISLATION FRANÇAISE MODERNE

La capacité est la faculté naturelle reconnue par la loi, à toute personne, d'exercer des droits et obligations civils. La loi reconnaît en principe que toute personne est en état de comprendre ses propres intérêts, d'avoir la volonté et d'exprimer le consentement nécessaire à la participation valable dans un acte juridique quelconque. Mais il se trouve que pour des raisons physiques ou morales le libre exercice de ces droits demeure en certains cas impossible. C'est la loi positive qui, en pareille matière, règlemente les cas dans lesquels une personne devient incapable d'être sujet actif ou passif de droits et détermine les conditions suivant lesquelles les actes passés par elle peuvent éventuellement être attaqués pour cause d'incapacité.

Le Code civil n'a pas à ce sujet des dispositions groupées systématiquement et faisant l'objet d'un titre spécial. Des textes épars ici et là s'occupent de la matière pour créer des incapacités tantôt générales, tantôt spéciales qui entraînent la nullité des actes émanés de la personne déclarée incapable. Ce qui préoccupe visiblement le législateur et inspire ces textes, c'est, d'une part, une idée de protection pour la personne déclarée incapable, et, d'autre part, une recherche de sûreté pour les rapports que les tiers pourraient avoir avec elle. « Une personne est incapable » signifie dans le langage juridique qu'elle est réputée telle par la loi ; l'incapacité de droit est une création qui constitue une exception, laquelle doit elle-même être expressement prévue pour pouvoir être invoquée. Voilà pourquoi l'art. 1123 détermine que toute personne peut contracter si elle n'est pas déclarée incapable par la loi ; pourquoi encore, l'art. 1124 désigne aussitôt quelles sont les personnes frappées d'incapacité.

Cette incapacité peut être générale ou spéciale. Mais suivant qu'elle a l'une ou l'autre portée, elle engendra des conséquences différentes. L'incapacité spéciale consistant à interdire certains actes à certains individus envisagés en égard à ces personnes sont plutôt des prohibitions que de véritables incapacités ; chacune d'elles est fondée sur des principes et considérations différents donnant lieu à des effets particuliers. Elles sont éparses dans tout le Code et entrent dans le cadre de la matière à laquelle elles se rapportent. Telle l'incapacité du tuteur d'acheter les biens de son pupille, art. 450, al. 3; du médecin de recueillir les dispositions entre-vifs ou testamentaires faites par la personne traitée au cours de la maladie dont elle meurt (909),etc.,etc(1).

L'incapacité générale est, comme son nom l'indique, celle qui frappe d'une façon absolue une personne déterminée, modifiant pour ainsi dire son état juridique, créant par suite un état de droit absolument différent du précédent. Les incapacités de cette espèce sont limitativement énumérées dans l'art. 1124 : elles frappent le mineur, l'interdit et la femme mariée.

La femme dans la législation moderne ne peut faire aucun acte, excepté son testament, sans une autorisation maritale ou judicière. La loi la met dans un état d'incapacité en se basant, non pas, comme pour le mineur et l'interdit, sur une présomption de non discernement, mais sur une idée de subordination nécessaire à l'autorité du mari.

Les mineurs sont privés par le Code de la Capacité civile et présumés incapables jusqu'à leur majorité ou leur émancipation. Nous n'avons pas à discuter ici les conséquences dérivant de l'incapacité ainsi prononcée, mais à constater seulement que la loi écarte en l'espèce toute constatation de fait et

(1) V. art. 902, 908, 911, 1595, 1596, 1597, 1840, 2045, 2124.

élimine la distinction admise par le droit romain entre l'enfance et la minorité en général, et crée, bien au contraire, un système de présomptions basé sur l'âge.

Les interdits forment la troisième classe d'incapables. On appelle interdit toute personne à laquelle la loi enlève l'exercice de ses droits civils à dater du jour où un jugement aura constaté son état habituel de démence. La loi a imaginé ce système de l'interdiction et de présomption dans le but d'éloigner, autant que possible, les discussions de fait et d'espèces.

Ainsi, dans les dispositions dont nous venons de rapporter la substance, la volonté du Code apparaît d'édicter des incapacités de droit, de placer les personnes qui en sont frappées dans une situation exceptionnelle produisant des effets qui sont en dehors des règles du droit commun.

Cependant une question se pose quant à la condition des personnes atteintes de démence. La loi exige-t-elle que l'interdiction soit provoquée pour que les actes passés par le dément puissent être annulés? En d'autres termes, en dehors des incapacités de droit dont le Code s'occupe, admet-il aussi des incapacités de fait?

SECTION I. — Incapacité de fait (1).

§ I. — *Définition de l'incapacité de fait. — Son admission dans le code civil.*

La loi en créant des incapacités de droit et en déterminant leurs effets semble ne point s'occuper des incapacités de fait... Si cela est rigoureusement exact en tant que système, il en faut logiquement conclure que, pour obtenir l'annulation d'un acte passé par une personne atteinte d'aliénation mentale, il est nécessaire de demander au préalable son interdiction. Le résultat de cette procédure devant être d'établir une présomption d'incapacité, au moyen de laquelle seront annulés tous les actes postérieurs au jugement d'interdiction. En ce qui concerne les actes antérieurs, la même procédure fournirait le moyen de les attaquer, étant donné que, d'après les dispositions de l'art. 503, l'interdiction produit une espèce de rétroactivité et suffit à motiver une demande en nullité d'acte, sauf à administrer la preuve de l'*état notoire* de démence existant au cours de la période dans laquelle l'acte a été passé. Mais dans le cas où

(1) M. Saleilles, à son cours, 1898-1899.

l'individu atteint d'aliénation est mort, la nullité des actes passés par lui en état de démence ne peut être demandée, la loi ne le permet pas. Toutefois, à cette restriction sévère elle apporte une atténuation en autorisant cette demande dans le cas où l'acte même porterait la preuve indiscutable de la folie, ou que, postérieurement à l'acte attaqué et avant le décès, l'interdiction a été demandée.

Donc, en dehors de l'interdiction, il semblerait que le système de la loi est d'arrêter toute demande en annulation d'acte fondée sur un état de démence. Cette interprétation paraît confirmée au surplus par la loi du 30 juin 1838, dont l'art. 39 établit une incapacité juridique spéciale résultant du seul fait de l'internement dans un établissement d'aliénés.

Le vœu de la loi serait donc, semble-t-il, que tout aliéné fût interdit ou interné à peine d'être considéré comme capable. Mais cela, à la vérité, serait excessif. L'interdiction exige un état habituel de démence et, pourtant, que de variétés peuvent se présenter dans l'état d'une personne ! Celle-ci, en effet, peut être atteinte de folie simplement passagère, d'une morbidité accidentelle ou de troubles de la raison empêchant le fonctionnement de la volonté. Dans tous ces cas point d'interdiction, point d'internement, et cependant le droit de prouver quand même l'incapacité et d'attaquer l'acte passé sous l'empire de cet état de morbidité serait-il enlevé? Non. Dans tous ces cas, en effet, la question de capacité se ramène à une idée de consentement et sur ce point il faut et il suffit de faire appel aux règles du droit commun.

L'art. 1108 range le consentement au nombre des conditions essentielles à la validité d'un contrat; les art. 1109-1117 s'occupent des causes qui peuvent le vicier. Cependant, aucun de ces textes ne donne une définition exacte du consentement pas plus qu'il ne détermine les effets résultant de sa non existence. Le Code énumère, purement et simplement, les cas dans lesquels le consentement n'est pas valable. Il suppose un consentement effectivement donné mais qui, en fait, pourrait avoir été trompé ou violenté. Ainsi il y a, suivant les espèces, une question préalable à trancher; c'est la force de cette volonté, cause psychologique, source de volition.

Pour dire qu'une personne a contracté il faut, avant tout, pouvoir dire qu'elle a eu entière connaissance de ce qu'elle faisait, qu'elle comprenait la convention à laquelle elle s'engageait et qu'enfin elle a voulu la conclure. Si un de ces éléments vient à manquer, on ne peut plus soutenir qu'il existe un consentement.

Là où une intelligence suffisante n'existe pas, il ne peut plus être question de liberté et sans liberté une obligation ne peut pas prendre naissance. Le propre des obligations étant de ne pouvoir résulter que de faits accomplis en pleine connaissance de cause. Déjà, dans l'ancien droit, cette idée était admise et Pothier (1) l'avait exprimée d'une façon catégorique. La doctrine et la jurisprudence modernes sont presque unanimes à l'admettre aussi.

On a toutefois soutenu (2), qu'en vue de la sûreté des tiers, le système de la loi est de ne reconnaître nulle autre incapacité que l'incapacité de droit résultant d'une procédure spéciale publique : l'interdiction. A en croire les partisans de cette doctrine, des termes de l'art. 503, admettant l'annulation des actes antérieurs à l'interdiction, si la cause susceptible de motiver le prononcé de l'interdiction existait notoirement à l'époque où ces actes ont été faits, il résulte que la loi exige l'existence d'un jugement d'interdiction pour ouvrir l'action en nullité. On ne saurait admettre un tel raisonnement et c'est absolument méconnaître le but de l'interdiction. La loi pose, comme principe, la capacité de toute personne, mais si dans un acte déterminé, le consentement de celle-ci est radicalement nul pour cause d'aliénation mentale, ou même d'ivresse (l'ivresse est l'hypothèse par excellence de la suppression momentanée de la volonté), cette personne pourra toujours de-

(1) *Oblig.*, n°s 49 à 51.

(2) Proudhon, *Traité sur l'état des personnes* 3e éd. augmentée par Valette, t. II, p. 535.

mander la nullité de la convention, à condition de prouver l'absence du consentement. Preuve toujours difficile à fournir d'ailleurs. C'est pourquoi, dans le but de protéger certaines personnes qui ne jouissent pas d'un raisonnement suffisant et qui, partant, peuvent souvent et facilement être trompées, le législateur les déclare, une fois pour toutes, incapables ; ce qui signifie qu'il les dispense, une fois pour toutes aussi, de la nécessité de prouver qu'elles n'ont pas consenti. L'incapacité fait fonction d'une présomption de droit écartant éventuellement toute discussion de fait. Au cas d'interdiction, la teneur du jugement d'interdiction devra seule être rapportée.

De même, l'art. 503 vise toujours une présomption de droit résultant de l'interdiction et n'ayant aucun rapport avec l'incapacité de fait. Ce texte, nous l'avons déjà dit, permet, alors que l'interdiction aura été demandée, de prouver que la cause d'interdiction existait notoirement à une époque où l'acte dont on demande la nullité a été fait. Il déroge par là même aux principes généraux, en dispensant le demandeur en nullité de l'acte, de prouver l'incapacité au moment même de la passation de l'acte, et l'autorisant à établir, purement et simplement, que la cause d'interdiction était notoire au moment où le dit acte a été fait. La preuve est certe de beaucoup plus facile à fournir et, à condition d'être administrée, elle assure un effet rétroactif au jugement d'interdiction. Il y a là une disposition de faveur. Aussi bien la présomption dont il s'agit ne concerne que les personnes interdites, d'où il suit que chaque fois que l'on sera en dehors de ces cas, le droit commun reprendra son empire. Or, le droit commun c'est l'incapacité de fait nécessitant la preuve d'une démence existante au moment même où l'acte incriminé fut passé.

Nous nous résumons donc, en disant que le Code civil s'occupe surtout des incapacités de droit ; il les crée et réglemente ses effets, ayant en vue l'intérêt et la protection de la personne interdite.

L'incapacité de fait, sans être définie et déterminée par le Code existe virtuellement dans la législation française et est soumise aux règles du droit commun. Il convient, toutefois, de remarquer à cet égard un défaut d'unité dans les conceptions de la loi : pour les actes à titre onéreux l'existence de cette incapacité de fait se peut et se doit déduire des principes généraux; pour les actes à titre gratuit, au contraire, il existe un texte, le seul qui existe dans tout le Code, l'art. 901, relatif à la capacité requise pour disposer par donation ou testament. On se trouve ainsi, lorsqu'il s'agit d'une libéralité, en présence d'un texte précis dont les termes visent uniquement l'incapacité de fait de l'auteur.

Il est vrai que pour les actes à titre onéreux le

Code a introduit un droit nouveau édicté par l'art. 504, lequel porte qu'après la mort d'un individu les actes par lui faits ne peuvent être attaqués pour cause de démence qu'autant que son interdiction aurait été prononcée ou provoquée avant son décès, à moins que la preuve de la démence ne résulte de l'acte même qui est attaqué.

Dans l'ancien droit ces actes pouvaient être attaqués pour cause de démence, même si l'interdiction n'avait été prononcée contre l'auteur : « La jurisprudence des arrêts nous apprend que quand un « homme est mort en possession de son état, *cette « preuve ne s'admet qu'avec beaucoup de difficultés*, « on présume toujours en faveur de l'état... » Cet état de droit est rapporté dans l'ancien Denisart (1). L'innovation du droit moderne est bien certaine : le texte est formel, et il n'y a d'exception que pour les donations. L'art. 901 déroge à l'art. 504 et l'on admet, généralement, que les donations et testaments ne sont pas régis par cet article, aussi lorsque l'auteur d'une libéralité est décédé, même sans que son interdiction ait été prononcée ou provoquée, les héritiers peuvent attaquer le testament pour cause de démence (2).

(1) V. *Interdiction*, nos 25-27 ; Pothier, *Oblig.*, n° 51.

(2) Bendant, *Cours de Droit civil*, t. II, p. 576 ; M. Planiol, *Traité élémentaire de Droit civil*, t. I, p. 914 et dans Fuzier

L'art. 504 fournit en plus, à l'appui de notre thèse, une preuve nouvelle. Il prouve, en effet, que la préoccupation du législateur est de régler et déterminer la situation de l'auteur de l'acte. Cet article est, en effet, écrit pour faire respecter les actes passés par le défunt et pour ne point les laisser à la merci de ses héritiers, ainsi le dit le rapporteur au tribunal (1) : « Il ne peut être permis de troubler ses « cendres, d'injurier sa mémoire par des recherches « flétrissantes et rétroactives ».

Au surplus, par un argument *a contrario*, on peut dire que les conditions rigoureuses pour invoquer la nullité écrite dans l'art. 504 établissent que, sans cette dérogation formelle, on aurait pu attaquer l'acte et plaider la démence. Cette dérogation, dès lors, n'existant qu'après le décès, il faut admettre que si c'est l'auteur de l'acte qui attaque, il n'y a plus de dérogation et qu'il aura recours aux règles du droit commun (2).

§ II. — *Critérium de l'incapacité de fait.*

Le Code ne s'étant pas occupé en principe des incapacités de fait basées sur une impossibilité de con-

Herman, *Code civil* annoté, art. 504, n° 3, la jurisprudence et les autorités citées par lui.

(1) Bertrand de Greuille. *Rapport fait au Tribunal.* Locré t. III. p. 479.

(2) M. Saleilles à son cours, 1898-99.

sentir et les ayant laissées sous le régime des règles du droit commun, la présence de l'art. 901 donne l'impression d'une de ces superfétations dont le législateur est assez coutumier. Est-ce à dire que pour les dispositions à titre gratuit la loi établit des règles particulières? Doit-on dire avec d'Aguesseau (1) « qu'il faut, pour tester, une sagesse moins équi-« voque, une raison plus éclairée, une volonté plus « ferme que pour s'obliger dans un contrat? » Cela serait pour le moins étrange de voir établir par la loi même une différence marquée entre les actes concernant tous les intérêts d'une personne vivante d'une part, et, d'autre part, les actes par lesquels cette même personne prend des dispositions *post-mortem*; et de procurer des causes différentes qui permettent plus facilement l'annulation de ces derniers !

Evidemment, il y a des différences quant à leur nature et à leurs effets entre les actes à titre gratuit et ceux à titre onéreux, mais nous ne pouvons croire que, par l'art. 901, le législateur ait voulu admettre une incapacité de fait pour les premiers seulement et placer les seconds sous le régime des incapacités légales ; ni même que la preuve à fournir pour attaquer un acte du chef d'incapacité naturelle doive être plus facile quand il s'agit d'une libéralité.

(1) Plaidoyer du 10 janvier 1696.

Dans tous les cas, abstraction faite des secrètes intentions du législateur, l'utilité de l'art. 901 est grande. Son contenu déroge au système d'incapacité légale du Code, en tant surtout qu'il permet, contrairement aux dispositions de l'art. 504, aux héritiers du *de cujus* de prouver l'incapacité de fait même quand leur auteur est décédé, avant que son interdiction n'ait été provoquée. Il est aujourd'hui unanimement admis, en effet, que l'art. 901 déroge aux dispositions de l'art. 504, la jurisprudence a définir tivement consacré cette thèse, aussi n'insisterons-nous pas sur la controverse que cette disposition a pu susciter dans les premiers temps de l'application du Code civil (1).

Donc, sauf la réserve qu'impose l'art. 504 pou- les actes à titre onéreux, l'incapacité intellectuelle de l'auteur d'un acte dont on demande la nullité peut être prouvée. — Pour les actes à titre onéreux nous avons comme norme les règles du droit commun qui se réfèrent à l'impossibilité de l'auteur de donner un consentement; pour les actes à titre gratuit, au contraire, nous avons les dispositions de l'art. 901, qui exige que l'auteur des libéralités, pour les faire valablement, ait été *sain d'esprit.* Dans l'un comme dans l'autre cas, d'ailleurs, l'incapacité a son origine dans un état pathologique de l'auteur.

(1) V. pour références la note 2 de la page 47.

Cependant, il est, entre les deux, des distinctions utiles à rappeler : l'art. 901, par les mots dont il se sert, et qui sont loin, certes, d'être techniques, permet d'embrasser toutes les formes de la maladie mentale, tout aussi bien les formes les plus avancées de la maladie, les arrêts de développement psychique, que les troubles susceptibles seulement d'enlever momentanément ou accidentellement la raison. Quelle sera donc la preuve à fournir, quel en sera le critérium lorsqu'il ne peut être fait appel à l'art. 901, c'est-à-dire lorsqu'il ne s'agit pas d'actes à titre gratuit ?

Tout acte émané d'une personne pour avoir une existence juridique, doit avoir été compris ; en effet, on ne peut réellement dire qu'un acte est la conséquence d'une volonté, le résultat obligatoire d'une volition, si l'individu appelé à la manifester se trouvait dans un état mental tel qu'il n'eût pu avoir conscience de sa portée juridique et économique. — Ne pas comprendre ce que l'on fait, ne pas le savoir, c'est ne pas avoir de liberté ; or, sans liberté, une obligation ne peut pas naître, un acte ne peut pas avoir d'existence. — Ainsi la première question que le juge doit se poser porte sur un fait d'intelligence.

Mais, la réalisation d'une deuxième condition doit être recherchée. Pour constituer cet état sain d'esprit que la loi exige, la volonté de l'auteur dont émane l'acte doit être constatée. Il faut savoir si son esprit est capable de résister aux suggestions qui lui viennent soit de lui soit du dehors. Une complète liberté doit régner dans les manifestations humaines ; or, ce caractère de liberté manque quand l'individu agit sous l'impulsion des idées étrangères dont il est la proie, ou des passions maladives qui le tourmentent. Donc, pour qu'un acte ait une valeur et une existence juridiques, il faut qu'il soit le résultat d'un *raisonnement normal* et d'une *volonté réfléchie*. L'auteur doit *comprendre* le caractère et les effets de l'acte, et *vouloir* le faire. Intelligence et volonté (1), voilà donc les deux caractères que doivent réunir les manifestations juridiques pour être considérées comme émanant d'un esprit sain, tel que la loi en présume l'existence dans toute personne qui n'a pas été et n'est pas formellement déclarée incapable. — Et, comme la loi ne donne pas les causes d'oblitérations des facultés intellectuelles, un vaste champ d'appréciation est laissé, que la doctrine et la jurisprudence sont appelées à systématiser. C'est ce qu'elles font d'ailleurs en se rapportant au critérium donné par le Code pénal (art. 64), c'est-à-dire en prenant comme normes l'état pathologique de l'individu et en l'étendant par voie d'analogie, tout comme

(1) Demolombe, *Tr. des Donations entre vifs et Test.*, I, p. 349.

dans les questions de responsabilité pénale, aux cas pathologiques susceptibles d'une constatation médicale. — C'est grâce à ce procédé qu'on annule l'acte passé en état d'ivresse, qui est un des types de l'inconscience (1).

Au demeurant, les deux questions de volonté et d'intelligence se posent à l'occasion de toutes les incapacités tant de fait que de droit, mais cela d'une façon différente.

Pour ce qui est de l'incapacité de droit, qui est une présomption créée dans l'intérêt privé de l'aliéné, lorsque son état mental le fait présumer se trouver dans l'impossibilité de pouvoir encore gérer raisonnablement ses biens et gouverner sa personne, l'art. 489 exige un état habituel d'imbécillité, de démence ou de fureur; de même l'art. 503 n'a en vue que l'existence notoire des causes de l'interdiction. L'appréciation, dès lors, des causes, se fait d'une façon abstraite, sans référence à l'acte accompli. C'est la situation générale et à venir de l'interdit qui préoccupe le législateur et non pas la validité de chaque acte en particulier dont il pourrait être l'auteur.

Tout autre est le système des incapacités de fait. C'est certainement toujours l'état pathologique de l'auteur qui doit être apprécié, mais non plus d'une

(1) Planiol, *loc. cit.*, n° 254, p. 104 ; Beudant, *loc cit.*, p. 572.

façon générale. On ne recherche plus si l'état mental est exclusif de volonté, on ne cherche uniquement, d'une façon très précise d'ailleurs, quelle a pu être l'influence de cet état mental, son effet, par rapport à l'acte qui est en cause. — L'incapacité naturelle commence avec l'état de maladie ou de trouble de l'esprit, elle ne subsiste plus, mais disparaît quand la cause ne peut produire des effets (1). C'est donc pour chaque cas en particulier qu'il faut prouver que l'activité intellectuelle normale n'a point existé, que le fonctionnement de la volonté a fait défaut.

Cette appréciation *concrète* trouve son champ d'application surtout dans la matière des donations et testaments. L'art. 901 exigeant une sanité d'esprit, les héritiers qui demanderont l'annulation d'un testament auront à prouver que la manifestation de volonté a été privée d'un raisonnement normal, d'une volonté réfléchie. — Dans cette matière il n'est plus question de présomptions dont les effets sont déterminés à l'avance par la loi, ainsi que nous l'avons indiqué. On aura pour chaque cas en particulier à se poser une double question : l'auteur de l'acte avait-il sa raison quand il a fait telle libéralité? avait-il une volonté qui lui permît de résister à une impulsion qui lui venait de lui ou du dehors à raison

(1) Beudant, *loc. cit.*, p. 573.

des dispositions de son état mental qui lui enlève l'énergie suffisante (1)?

Dès lors l'art. 901 embrasse toutes les formes de la folie dont une personne peut être atteinte ; le rôle du magistrat étant de voir si l'effet juridique signalé peut être produit par le mal dont l'auteur de l'acte avait été frappé.

Il est vrai que la loi et la justice française ont constamment essayé de rendre valables les testaments, de donner force aux dernières volontés des mourants, mais ici doit se faire sentir le contre-coup de la loi d'évolution. La jurisprudence doit répondre aux nécessités du jour. La science a pris un grand essort et l'on ne peut plus appliquer d'une façon étroite les idées anciennement reçues sur les maladies mentales, leurs variétés et leurs effets. — Déjà, en ce qui concerne le moment d'insanité qu'il s'agit de prouver, une doctrine nouvelle s'est formée qui se contente de la preuve qu'avant et après la date de l'acte, l'état de démence était constaté (2). La jurisprudence admet cette manière de voir qui, certainement, est fondée sur des observations psychiatriques. Mais il faut demander plus. La justice ne peut laisser passer devant elle le temps et les progrès scien-

(1) M. Saleilles à son cours.

(2) Baudry-Lacantinerie et Colin, *Des Don. et Test.* t. I, p. 109. Demolombe, *Don. et Test.*, I, p. 372. Aubry et Rau, VII, p. 15 ; Fuzier Hermann, C. C. annoté, art. 901, nos 24 et s.

tifiques sans s'approprier toutes les conséquences qu'on y peut tirer.

Evidemment dans les cas caractérisés de démence la preuve sera facile à faire et le jugement sera sûr, mais que de troubles psychologiques peuvent se présenter en pratique qui altèrent la volonté, et qui, sans une profonde connaissance des effets que les maladies mentales peuvent provoquer, resteront lettre morte. — Le rapport de la psychiatrie avec les effets juridiques qui en sont la conséquence est des plus importants et doit attirer la sérieuse attention du juge civil tout aussi bien que du juge pénal.

En matière d'incapacité de fait, dont nous nous occupons, les plus grandes difficultés se sont élevées au sujet du testament fait par une personne atteinte de cette variété de la folie qu'on appelle la *monomanie*. — La difficulté du problème posé est des plus grandes, et sans de sérieuses connaissances des effets des maladies mentales le jugement risque très fort d'être le plus souvent arbitraire. La jurisprudence admet à ce sujet, que le testament fait par un monomane sera annulé ou maintenu selon qu'il sera l'œuvre de la partie malade ou de la partie saine de son intelligence. Les auteurs les plus autorisés sont généralement du même avis (1) ; il n'est rien d'éton-

(1) Baudry-Lacantinerie et Colin, *loc. cit.*, p. 113 ; Demolombe, *l. c.*, p. 354 ; Aubry et Rau, *l. c.*, p. 13.

nant, au surplus, à ce que la logique de ce raisonnement conduise ces mêmes auteurs à soutenir dès lors que certaines dispositions du testament d'un monomane pourront être considérées comme l'œuvre d'un esprit sain et partant maintenues, tandis que d'autres, reconnues comme étant le résultat du côté maladif de l'esprit, seront de ce chef déclarées annulables et effectivement privées de sanction (1).

Contrairement avec cette doctrine, Troplong (2) avait déjà soutenu l'indivisibilité de la raison et actuellement les plus éminents psychiatres soutiennent avec sûreté cette thèse.

Le Dr Tardieu, en parlant de la monomanie (3), dit que cette « variété de la folie a pour caractère essen-
« tiel d'être constituée par un délire partiel, c'est-à-
« dire que les facultés manifestement lésées sur un
« point semblent conserver sur tous les autres une
« intégrité presque complète. L'aliéné dominé par
« une idée fixe est sans cesse ramené dans le cercle
« de conceptions fausses et d'actes insensés que cette
« idée enfante ; et pour le vulgaire qui ne sait pas
« découvrir l'origine morbide des unes et des autres,
« la logique des déductions et le calcul qu'impliquent
« les actes éloignent le plus souvent tout soupçon
« de folie ».

(1) Baudry-Lacantinerie et Colin, *id.*, Demolombe, *id.*

(2) Troplong, *Des donations*, t. II, nos 451-457.

(3) Dr Tardieu, *Etude médico-légale sur la folie*, p. 213.

Et plus loin : « Il faut se garder d'abord de pren- « dre cette expression (monomanie), quelque fortune « qu'elle ait faite, dans son sens étymologique étroit. « *Si bornée que soit la lésion des facultés, quelque* « *circonscrit que paraisse le trouble de la raison, ce* « *n'est jamais dans un point unique qu'elle se ren-* « *ferme. L'idée prédominante se détache sur un fond* « *généralement et primitivement altéré et le délire* « *partiel n'est que la note la plus élevée du désaccord* « *plus profond qui existe entre les différentes fonc-* « *tions intellectuelles et morales* ».

Le Dr Krafft-Ebing (1) s'élève d'une façon tout aussi énergique, dans son éminent ouvrage sur la Psychiatrie, contre la théorie de la folie partielle. « C'est une supposition absolument fausse que de « croire qu'un individu peut rester sain d'esprit en « ayant une seule idée fixe. Cette supposition se base « sur la confusion qu'on fait souvent entre une idée « délirante et les tics et les bizarreries qui sont en- « core dans la sphère physiologique (les idées fixes « proprement dites, selon le langage des profanes) « ou avec les représentations obsédantes. — L'hy- « pothèse d'une aliénation mentale partielle et d'une « irresponsabilité partielle fondées sur cette confu- « sion est une théorie fausse et dangereuse...... une

(1) Dr R. von Krafft-Ebing, *Traité clinique de Psychiatrie*, traduit par le Dr E. Laurent, p. 96.

« idée délirante constitue toujours un trouble grave « de la vie intellectuelle et ne peut pas se compren- « dre sans un trouble profond de la conscience, de « la raison et du jugement. »

Devant des affirmations aussi catégoriques on voit facilement, tout à la fois, combien la doctrine qui enseigne la distinction de la partie saine ou malade d'un testament est erronée, et combien cette jurisprudence ne répond pas aux progrès de la science. C'est dans cette matière délicate de l'incapacité qu'il faut de toute nécessité harmoniser les principes de droit avec les observations scientifiques de la psychiatrie dont l'étude gagne journellement une plus grande importance. — Certes, à chaque maladie en particulier on ne pourra attribuer des effets déterminés, mais en matière d'incapacité naturelle, la thèse de la responsabilité partielle préconisée du point de vue pénal (1) ne semble pas pouvoir avoir une application quelconque. — Par de bonnes connaissances et des observations sérieuses, le juge qui est appelé à statuer pourra décider quel peut être l'effet produit par n'importe quelle insanité d'esprit. — Ce desideratum est considéré comme nécessaire pour les causes pénales, il a de même une importance grande et

(1) Voir au point de vue de l'appréciation de la volonté en matière de responsabilité pénale le livre de M. Saleilles, sur l'*Individualisation de la peine*, p. 44 et 262 et s.

utile en matière civile pour assurer les intérêts privés de la personne aliénée elle-même, et le plus souvent aussi le sort des familles qui peuvent facilement être les victimes des mesures superficiellement prises.

En résumé, dans toutes les manifestations juridiques on est appelé à examiner l'intelligence et la volonté de l'individu qui agit. C'est une nécessité absolue qui s'impose dans un intérêt général, d'exiger qu'un membre de la société se rende compte de la portée de ses actions et qu'il veuille les accomplir. Nous avons vu que la loi suppose virtuellement ces éléments chez l'homme à l'état normal, pour qui elle est faite. Mais là où la conscience fait défaut, la volonté n'est plus que le résultat de perceptions initiales fausses qui ne peuvent engendrer un acte juridique valable. Cela est d'une telle évidence pour le législateur qu'il ne s'en occupe même pas pour en faire une mention dans le Code. Aussi l'interprète, guidé par les principes généraux, doit décider que toutes les fois où l'incapacité d'un individu est le résultat d'un état pathologique lui enlevant l'intelligence et la volonté, empêchant ainsi un acte d'avoir une valeur juridique, une nullité absolue entache cet acte.

C'est donc une recherche de la volonté que la loi impose et c'est de l'existence ou de l'inexistence de cette volonté qu'il faut déduire la validité ou l'inexistence d'un acte.

Mais alors, en dehors des états maladifs, qui sont susceptibles d'entraîner la nullité des manifestations juridiques, on aperçoit la possibilité de causes autres, qui peuvent être des causes purement intellectuelles ou morales et dont la conséquence peut être tout aussi bien, d'obscurcir l'intelligence et d'enlever la volonté. Que faut-il décider en ce qui concerne ces influences ?

Quand il s'agit d'un testament fait sous l'empire de pareilles circonstances, on peut arriver à faire tenir comme sans valeur la volonté du testateur, comme n'ayant pas été librement donnée, et ce, par l'effet d'une forte influence intellectuelle ou morale subie par lui. Cependant, la nullité ne sera prononcée que si à cet élément d'ordre physique, sont venues s'ajouter des manœuvres frauduleuses ; si bien que la règle fonde alors la nullité sur le dol. Tel est en effet l'avis de la doctrine et de la jurisprudence (1). Néanmoins on peut concevoir en dehors de tout dol dans des cas donnés, l'existence d'influences qui ont pu concrètement arriver aux mêmes fins : détermination de la volonté, confection du testament incriminé. En pure théorie on concluerait peut-être volontiers, et en tout cas avec assez d'apparente raison, à la nullité des actes faits dans de pareilles conditions ; mais en pratique, cela conduirait à une analyse des facteurs

(1) V. *Cass.*, 28 octobre, S. 97, 1, 327.

internes de la volonté, analyse délicate, qui, dans le fait aussi, donnerait rarement des résultats certains.

Aussi bien faut-il admettre la conclusion imparfaite que voici : La volonté exprimée par un acte ou traduite par un consentement, doit avoir une valeur juridique quand elle répond aux faits concrets de la vie et qu'elle peut être interprétée facilement d'après sa manifestation extérieure.

La volonté vraie, interne, avec toutes les nuances qu'elle présente ne peut être réglée au contraire par des lois. La question de fait serait dans la plupart, sinon dans l'universalité des cas, par trop délicate et l'arbitraire s'en suivrait, ce qu'il convient d'éviter. Il faut dès lors se rapporter à des faits perceptibles et qui peuvent être démontrés ; tenir compte d'eux, mais d'eux seuls.

§ III. — *Caractère de la nullité résultant de l'incapacité de fait.*

Si l'existence d'une incapacité de fait est presque unanimement admise (1), les avis sont séparés quand il s'agit de savoir quelles en sont les conséquences.

(1) Huc, *Commentaire du C.C.*, t. III, p. 483 ; Laurent, t. V, p. 385 ; Beudant, *Cours de Droit civil*, t. II, p. 570 et s. M. Planiol, *Traité élémentaire de Dr. civ.*, I, p. 913.

On soutient, en effet, que même un acte passé par une personne absolument privée de l'usage de sa raison, a une existence juridique ; que la démence ne peut entraîner, en effet, qu'un vice de consentement et que dès lors, on ne peut demander que la nullité de l'acte. La loi ne distingue pas, dit-on, dans cette opinion, hostile à la thèse de l'inexistence des actes semblables à ceux dont il s'agit, entre le cas où le consentement n'existe pas et le cas où il existe, mais est seulement vicié. En plus, pour ce qui est des incapacités légales il ressort, tant des art. 503 et 504 C. c. que de l'art. 39 de la loi du 30 juin 1838, que la loi donne une action en nullité pour attaquer les conventions passées par une personne en état de démence et dès lors elle reconnaît, par cela même, l'existence de l'acte jusqu'à son annulation. « Le système du droit « actuel ne voit donc dans l'oblitération permanente « ou passagère des facultés intellectuelles, qu'un dé« faut de capacité ou un simple vice du consente« ment qui n'empêche pas la formation même du con« trat, et qui, faisant seulement obstacle à sa validité, « ne donne lieu qu'à une action en nullité, exclusi« vement ouverte au profit de l'incapable et soumise « à la prescription établie par l'art. 1304. Le même « principe doit *a fortiori* être admis pour les cas « d'ivresse. » (Aubry et Rau, t. IV, § 343, p. 290).

L'argument est puissant, et pourtant nous ne croyons pas qu'il soit possible d'assimiler le défaut absolu de consentement avec un consentement seulement vicié. Nous ne croyons pas qu'il soit possible d'attribuer à un fait matériel, dépourvu de toute raison et de conscience, la valeur d'un fait juridique, et de trouver en lui l'origine d'une obligation ! La logique s'y oppose et les textes de la législation française sont loin de repousser cette distinction, au contraire, ils la confirment.

En effet, l'art. 1109 dit : qu'il *n'y a pas de consentement valable* s'il n'a été donné que par erreur, extorqué par violence ou surpris par dol, c'est donc qu'il suppose qu'un consentement a été donné. — Et quand l'art. 1117 ajoute que : *la convention contractée par erreur, violence ou dol, n'est point nulle de plein droit,* mais donne seulement lieu à une action en nullité ou en rescision, ce texte nous montre clairement qu'il peut y avoir des cas dans lesquels la convention sera nulle de droit. Quels donc seront ces cas, sinon ceux dans lesquels le consentement n'existe pas, dans lesquels une des parties n'a pas donné son consentement (1)?

Dans les cas d'incapacités de droit, on ne saurait trop le répéter, on se trouve en face d'une présomption de défaut de consentement, présomption que la loi a établie en vue de protéger la personne frappée

(1) V. dans ce sens M. Beudant, *loc. cit.*, p. 573 ; M. Planiol, *loc. cit.*, p. 134 et 913.

de démence ; la conséquence en est qu'il n'y a en pareil cas qu'une nullité relative et que cette nullité ne peut être demandée que par l'incapable. Mais alors qu'il est question d'une incapacité de fait, dont le législateur ne règle pas les effets, la preuve à faire consiste à montrer le défaut de consentement, et cela établi, il n'y a plus de convention, la nullité est et doit être *absolue* (1). Logiquement, il faut admettre ce changement radical (2) dans le caractère de la nullité, et comme conséquence, permettre au tiers contractant de l'opposer tout aussi bien que la personne qui a paru consentir en état de démence, et cela, à quelque époque que ce soit (3).

En pratique, cela ne présente peut-être pas un grand intérêt, et la jurisprudence n'a pas été appelée à statuer sur cette différence. — Quoiqu'il en soit, même en dehors du cas où le tiers aurait abusé de l'état de démence d'un individu au moyen de manœuvres dolosives, simplement s'il a seulement connu cet état d'incapacité, on doit en conclure qu'il devra être tenu des dommages et intérêts et considéré comme responsable de la perte comme du gain que son action a déterminée ou empêché (4).

De même, l'acte étant d'une nullité absolue, il ne

(1) M. Beudant, *id.*

(2) M. Saleilles, à son cours.

(3) M. Beudant, *loc. cit.*, p. 573 ; M. Saleilles à son cours.

(4) M. Saleilles à son cours.

sera pas besoin d'agir en justice pour en faire prononcer la nullité ; (1) ainsi, si l'acte en question a produit une conséquence, par exemple si un objet a été livré, la partie lésée aura simplement à faire valoir, par voie de revendication, les droits qu'elle a sur l'objet et non pas à demander la nullité de l'acte. — Mais si le tiers vient à son tour à constituer des droits au profit d'un sous-acquéreur, ce dernier, dans le cas où le premier acquéreur viendrait à demander la nullité, aurait, il est évident, droit à intervenir au procès et à s'opposer à la nullité, en vertu du principe : qui doit garantie ne peut évincer. — En dernier lieu, l'acte étant nul d'une nullité absolue, il ne sera susceptible ni de confirmation, ni de ratification et la nullité ne pourra se prescrire, l'acte n'étant pas susceptible de produire un effet quelconque qui puisse le rendre efficace (2).

Ce que nous venons de dire est relatif à des cas certains d'incapacité de fait. — Il faut pourtant se demander si les cas d'incapacités de fait sont uniquement ceux que nous avons énumérés, ou bien si, dans certaines circonstances, la transformation n'est pas possible, d'incapacités de droit en incapacités de fait ; transformation dont le résultat final est de donner place à des nullités absolues là où il ne s'agit ordinairement que de nullités relatives.

(1) V. M. Planiol, *loc. cit.*, n° 319, p. 129.

(2) Voir les mêmes autorités aux lieux indiqués.

Les différences entre les nullités absolues et relatives sont radicales. Les unes sont régies par les règles du droit commun, les autres étant des créations de la loi, leurs effets sont spécialement déterminés pour des cas exceptionnellement prévus par le Code. Donc, en dehors des exceptions, c'est le droit commun qui est applicable pour entraîner tous les effets qui lui sont afférents.

Les cas de nullité relative sont connus : ce sont ceux prévus par l'art. 1117, qui sanctionne la convention contractée par erreur, violence ou dol ; par l'art. 1118 qui indique la lésion comme cause de nullité dans certains contrats seulement ; enfin, l'incapacité est une cause de nullité, qui est accordée par la loi pour protéger certaines personnes, telles que le mineur, la femme mariée, les fous, les faibles d'esprit, les prodigues.

Le but de la nullité relative est, dans ce dernier cas, de protéger les intérêts de l'incapable ; l'action lui est accordée à lui seulement (1125) et c'est lui que l'on laisse maître de juger de son opportunité. Aurait-il intérêt de l'intenter, il le pourra ; voudrait-il maintenir l'acte passé, il le confirmera ou ratifiera. Mais jamais la partie capable ne pourra s'en prévaloir pour obtenir l'annulabilité de l'acte conclu avec un incapable.

Il semblerait, dès lors, que chaque fois que l'on se trouve dans les cas des incapacités de droit, la sanction accordée par la loi soit la nullité relative. Cette opinion est soutenue (1) et généralement partagée; notamment pour les cas d'interdiction, on dit que le droit commun n'a plus sa raison d'être, que c'est précisément pour écarter la question de fait, toujours dangereuse, que la présomption d'incapacité fut créée, et que partant, il ne peut plus jamais être question d'avoir recours à la nullité absolue, et que plus même, elle ne peut être recevable. Cette discussion d'un intérêt théorique et quelquefois même pratique se ramène à la distinction des actes inexistants et des actes d'une nullité relative. — Il est certain que l'annulabilité n'a été introduite que dans le but de protéger certaines personnes déterminées, dans l'espèce les incapables. C'est pour leur faciliter les moyens de preuve à fournir que la loi établit d'avance une présomption d'incapacité; c'est pour les faire bénéficier des avantages d'une convention qu'elle les laisse seuls maîtres de l'action. Suit-il de là que la loi ait voulu donner d'ores et déjà une existence juridique à un acte dépourvu de toute conscience?

Le Code au sujet du mariage a un texte précis, l'art. 146, pour démontrer ce qu'il advient du défaut de consentement, il entraîne la nullité absolue.

Dans le cas de la minorité, incapacité de droit, la

(1) Demolombe, t. VIII, n° 629, p. 414.

législation française n'ayant pas reproduit la distinction que le droit romain faisait entre les enfants et la minorité proprement dite, il s'en suit que jusqu'à la majorité ou jusqu'à l'émancipation les actes passés par un mineur seront sanctionnés par la nullité relative, avec, bien entendu, l'exception prévue par les art. 1305 et 1306, à savoir la preuve de la lésion qu'il aurait éprouvée. — On peut, toutefois, imaginer l'hypothèse d'une convention intervenue entre une personne capable et un enfant en bas âge. Peut-on, à bon escient, dire que c'est la nullité relative qui sanctionne cet acte, et peut-on surtout affirmer que cette convention ait une valeur juridique, que l'enfant qui s'est obligé avait conscience de son acte? D'après le Code pénal, c'est à 16 ans que les mineurs sont considérés comme agissant avec discernement; le discernement est donc examiné pour chaque cas en particulier, pour ceux qui ont moins de 16 ans; et bien que la loi civile ne permet pas de fixer une limite précise, il est certain que dans les contestations civiles on doit se placer à un point de vue analogue pour décider si l'enfant qui s'est obligé avait ou non conscience de son acte. Dans le cas affirmatif, c'est la nullité prévue pour sanctionner les actes des incapables qui sera applicable, dans le cas contraire, la nullité devra être, et cela est généralement admis (1), abso-

(1) M. Planiol, *loc. cit.*, n° 329, p. 134.

lue et présentera les caractères de cette nullité.

Ne doit-il pas en être de même pour les actes passés en état de démence ; et en dehors du régime de l'annulabilité prévu par le Code dans les cas d'interdiction, ne peut-on concevoir des hypothèses où l'incapacité de fait puisse être prouvée et avoir, dès lors, comme conséquence une nullité absolue ?

Quand il s'agit d'interdiction on semble oublier, à notre sens, que cette mesure a été imaginée surtout dans l'intérêt de la personne qui y est soumise. La présomption d'incapacité créée par la loi sert à donner cette continuité, cette unité d'état sans laquelle la situation de l'incapable deviendrait dangereuse ; c'est donc prévoir les moments d'une certaine lucidité. Dès lors, ce qui est interdit, c'est de prouver la capacité de la partie contractante, même dans les cas où la preuve de l'existence de cette capacité pourrait être faite. Mais, par contre, la preuve d'un état de complète démence dans l'intervalle duquel un consentement ne peut valablement être donné, qui fait absolument défaut, doit être permise en théorie, car on se trouve en pareil cas obligé d'appliquer le principe général et de droit commun sur l'inexistence des actes.

Nous avons dit que cette preuve doit être admise en théorie, nous disons ainsi, parce qu'elle ne semble ne pas présenter un grand intérêt pratique ; en effet, si l'une des conséquences serait de permettre au tiers cocontractant de s'en prévaloir (ce qui paraît être contraire au vœu de la loi), en fait, ce dernier viendrait à se heurter à deux difficultés : la première consiste dans la difficulté de preuves à fournir; la seconde en ce que cette preuve qu'il fournirait démontrerait aussi la connaissance qu'il a eue de l'incapacité de son cocontractant et il serait tenu de ce chef à des dommages et intérêts pour la perte qu'il aura provoquée.

Néanmoins il est un cas où l'admission de la preuve de l'inexistence de l'acte rendrait un réel service à l''interdit même, ou à ses héritiers ; c'est le cas où, conformément à l'art. 1304 les dix ans prévus par le texte seraient écoulés, ayant ainsi par la prescription rendu impossible l'exercice de l'action en nullité accordée à l'interdit. Cette prescription est, on le sait, indépendante de toute condition de signication ou autre. Or, dix ans après la main levée de l'interdiction, ou sa cessation par la mort de celui qui avait été soumis à cette mesure, il y aura prescription, et par conséquent impossibilité de faire décider la nullité de l'acte. L'admission de la preuve du défaut absolu de consentement, permettrait de couvrir cette prescription.

A notre sens donc, l'art. 1125 n'est applicable que dans le cas où l'acte est attaqué sur le motif de l'interdiction, mais, par contre, cette nullité relative ne peut couvrir le défaut de consentement et dès lors la nullité sera absolue s'il est prouvé, en fait, que l'acte a été passé dans un moment où l'individu était dans un état de folie lui enlevant la possibilité de donner un consentement.

Puisque nous avons mentionné la prescription prévue par l'art. 1304, constatons en passant, le danger que présente le système de la loi qui ne la soumet à aucune condition de signification et regrettons que la modification apportée par l'art. 39 de la loi du 30 juin 1838, n'ait été introduite que pour un cas particulier au lieu d'être généralisée. Cette disposition est bonne, assurément, elle crée à l'aliéné interné une situation favorable, et cependant il ne peut être fait application de ce texte même dans le cas où l'interdit serait interné.

Ayant admis la possibilité de prouver l'inexistence d'un acte passé par l'interdit, il est logique d'admettre cette même possibilité dans l'hypothèse de l'art. 503. Sans ce texte il eût fallu, pour les actes antérieurs à l'interdiction, suivre les règles du droit commun. Etant donné sa formule, il n'y a nul doute que le législateur a voulu autoriser une preuve de faveur protectrice des intérêts de l'interdit. En effet, tandis que le jugement d'interdiction marque le point de départ d'une présomption continuelle d'incapacité à venir, la loi attache extraordinairement à ce même jugement une espèce d'effet rétroactif, admet l'incapacité, en ce qui concerne les actes antérieurs au jugement, à condition toutefois que les causes d'interdiction aient existé notoirement au moment où l'acte a été passé. Grâce à cette exception au droit commun, l'intéressé demeure libre de prouver, non pas son état de démence, mais l'existence notoire de sa démence, au moment de l'acte. Cela n'enlève d'ailleurs pas à son adversaire le droit de prouver la validité du consentement comme ayant été donné en un état de parfaite sanité d'esprit. En effet, l'art. 503 donne la faculté de maintenir l'acte passé, c'est que la nullité n'est pas absolue dans le sens de l'art. 502, et par conséquent la preuve que la notoriété n'existait pas peut être faite et cela ne signifie pas autre chose, qu'une discussion sur la valeur du consentement donné. Si donc, dans cette hypothèse, les contestations sur la capacité peuvent se présenter et se discuter, si la présomption créée par l'art. 503 n'a pas la même force que celle de l'art. 502, nous croyons en définitive qu'il n'y a point de bonnes raisons pour décliner les parties contractantes irrecevables à prouver l'inexistance de tels vices de consentement qu'il en résulte l'inexistence de l'acte passé.

Ces solutions nous semblent autorisées, nous l'avons déjà dit, par le développement logique des principes généraux qui établissent une distinction très nette entre les actes inexistants et les actes simplement annulables.

En terminant sur ce point, il ne nous paraît pas

inutile de rappeler les dispositions de l'art. 504, comme constituant une prohibition des demandes en nullité intentées contre des actes juridiques. La loi y apporte, en effet, une grave dérogation au droit commun en statuant qu'après la mort d'un individu, les actes passés par lui ne pourront plus être attaqués pour cause de démence, sauf dans les deux cas exceptionnels et limitativement déterminés où l'interdiction aurait été, sinon prononcée, au moins provoquée avant son décès, et où la preuve de démence résulte manifestement de l'acte même qui a été attaqué. Le système du législateur est, ainsi de considérer comme définitif les actes faits par un mort, au moins lorsqu'il s'agit d'actes à titre onéreux; l'art. 901 faisant d'ailleurs brèche à ce système, en permettant d'attaquer la donation ou le testament fait par un individu qui, à l'époque de sa confection, n'était pas « sain d'esprit ».

Cependant en ce qui concerne l'art. 504, avouons un certain doute. Cet article placé au chapitre de l'interdiction ne se réfère-t-il pas aux causes qui peuvent entraîner le prononcé de cette mesure, et la déchéance des héritiers ne viendrait-elle pas de ce que l'interdiction n'a pas été requise par eux dans l'intérêt du malade même?

Et alors, dans tous les cas innombrables de morbidité psychique, qui ne sont pas des causes d'interdiction, les héritiers n'auraient-ils pas droit à recourir aux principes généraux? Malgré tout l'intérêt pratique que peut présenter cette hypothèse, et, croyons-nous, le bien fondé de l'observation, l'art. 504 paraît trop nettement rédigé et le système de la loi, qui établit une différence entre les actes onéreux et à titre gratuit, trop arrêté dans ses termes, pour que nous osions soutenir cette théorie..

SECTION II. — Incapacité de droit.

En vertu des principes généraux qui exigent l'existence d'un consentement dans toute convention et sur la base de l'art. 901 nous avons vu, à la section précédente, que tout acte émané d'une personne qui prouverait le défaut de volonté à raison d'une cause psychologique quelconque, ou l'insanité d'esprit, pourra être annulé. — Nous avons vu également que cette preuve devrait être faite pour chaque cas en particulier dans les conditions que nous avons examinées et dont la coexistence risque bien souvent d'entraîner de nombreuses difficultés. — Mais le législateur moderne ne s'est point arrêté là : il s'est départi du système romain, faisant varier la capacité d'une personne suivant qu'elle avait ou n'avait pas sa raison au moment de la confection de l'acte incriminé, pour lui emprunter l'interdiction dont la loi romaine se servait à l'égard du prodigue pour en faire un incapable, ce qui entraînait pour lui une impossibilité de rendre sa condition pire. — Cette création artificielle fut adoptée pour venir au secours de tous les malheureux atteints de maladies mentales ou de faiblesse intellectuelle, au moyen d'une présomption légale établie par un jugement. Une fois pour toutes, la capacité leur est enlevée et la personnalité juridique est entravée dans toutes ses manifestations, par l'effet d'une règle exceptionnelle destinée à durer autant que la mesure prise en sa faveur n'aura été levée, et tous ses actes enfin, pendant cet intervalle de temps, sont déclarés d'une nullité régie d'après des règles spéciales. — Ainsi l'interdiction étant une exception, les effets de cette mesure seront dès lors spécialement déterminés ; la loi envisagera les actes de l'interdit non plus en fait, mais en droit, suivant des règles établies à cet égard.

La loi, grâce à l'interdiction, s'intéresse en premier lieu à la personne elle-même, dont l'état mental est altéré par une maladie grave qui le rend incapable de gérer utilement ses biens et de gouverner sa personne. — Ainsi nous sommes loin de l'époque où les malades cérébraux étaient considérés comme des criminels, des possédés, des ensorcelés que l'on mettait en prison quand on ne les faisait pas monter sur le bûcher. — La société moderne a souci des soins à donner à ces malheureux dont le nombre s'accroît de plus en plus ; leur guérison ou les soins humanitaires à leur donner est une de ses grandes préoccupations et se traduit par la création des asiles. — Mais, d'autre part, la loi s'occupe aussi des intérêts privés de l'aliéné pour ne point en faire de celui-ci la victime des spéculations malheureuses auxquelles il se livrerait ou des compétitions dont il serait l'objet et aussi la victime. Cependant les mesures à prendre doivent également garantir la famille du malade. Cette protection constitue la seconde raison de l'intervention du législateur. Enfin, une cause nouvelle d'intervention se trouve dans l'intérêt qu'a l'Etat lui-même à se garantir, l'aliéné pouvant devenir dangereux pour la société, au point que parfois il peut être nécessaire de le priver de liberté.

En résumé, l'interdiction est protectrice tout ensemble de la personne de l'aliéné et de ses intérêts, de ceux de sa famille et de la société. Elle apparaît ainsi comme une mesure extraordinairement grave et c'est pourquoi elle ne peut être ordonnée que contre ceux dont l'état habituel d'imbécillité, de démence ou de fureur aura été constaté.

Nous nous proposons donc d'examiner précisément quelles sont les causes qui peuvent déterminer l'interdiction et enlever ainsi la capacité de la personne contre qui cette mesure est ordonnée et deuxièment quelle sera la situation créée par cette mesure.

§ I. — *Causes de l'interdiction.*

L'interdiction a pour résultat l'incapacité de l'aliéné. Par cette situation exceptionnelle, l'état d'une personne est complètement changé, au point que cette personne sera placée sous tutelle et pourra être privée de sa liberté, que les actes faits par elle seront déclarés nuls. L'interdiction, en un mot, enlève à l'individu qui en est frappé l'exercice de tous ses droits.

Ces mesures dont la gravité ne peut échapper à l'esprit, impliquent l'idée d'un danger réel, qui, éventuellement, peut menacer les intérêts personnels ou familiaux d'un individu.

Dès lors, le législateur envisage l'interdiction comme un moyen grave, parfois même comme le seul efficace, pour protéger les malheureux atteints de maladies mentales. D'où son adoption et sa réglementation. La loi l'ordonne en effet par l'art. 489 contre : « le majeur qui est dans un état habituel « d'imbécillité, de démence ou de fureur, même lors- « que cet état présente des intervalles lucides ».

Il est certain que les termes d'imbécillité, de démence et de fureur, n'ont pas une valeur absolue au point de vue médical. — La définition de ces expressions a été donnée par l'orateur du Tribunat au corps législatif (1) ; de même et reprise dans la doctrine moderne (2). Quoiqu'il en soit de la valeur technique de ces termes, leur sens est clair, ils désignent tout aussi bien les personnes dont le développement intellectuel est arrêté, dont l'intelligence est atrophiée, que les aliénés dont la maladie revêt des formes diverses : tantôt, en effet, la démence est relativement tranquille et inoffensive, tantôt elle se révèle par des actes de fureur. — Dans tous les cas, qu'il y ait maladie psychique du cerveau ou arrêt de développement psychique, la loi exige un « état habituel ».

C'est donc par rapport à cet état qu'il faudra examiner les conséquences d'une maladie mentale et les dispositions de l'art. 489 doivent être comprises dans le sens que l'interdiction ne sera ordonnée que si la maladie produit un effet tel sur les capacités intellectuelles d'un individu, qu'il est totalement privé de la faculté de raisonnablement gérer ses biens et sagement gouverner sa personne.

C'est assurément dans ce sens, en effet, qu'elle a été comprise par les rédacteurs du Code qui lui en attribuait les conséquences les plus radicales par opposition à la nomination d'un conseil judiciaire que

(1) Tarrible, *Discours au corps législatif*. Locré, *Législ. Civ.*, t. VII, p. 378.

(2) Baudry-Lacantinerie, t. I, p. 712 ; Demolombe, t. VIII, p. 291 ; Huc, t. III, p. 485.

l'on considérait comme un *simple assujétissement à prendre dans certains cas spécifiés* (1).

La raison de la loi (et c'est aussi son but final) est incontestablement d'envisager la maladie mentale, dont l'existence ne fait pas de doute, par rapport aux effets qu'elle pourra produire sur le patient dans la direction de ses biens et la conduite de sa personne. — Au juge il appartient donc, éventuellement, de statuer quelle est, ou pourra être, l'influence d'une maladie mentale sur la capacité intellectuelle du patient, et s'il y a lieu de lui enlever la liberté de ses actions, dans son propre intérêt et celui de l'ordre public (2).

Ce critérium ne sera cherché que dans les maladies de l'esprit, car le législateur français s'est éloigné des principes romains et de l'ancien droit, qui admettaient l'interdiction pour prodigalité et déréglement des mœurs, et dès lors si la classification tripartite du code n'embrasse pas toutes les variétés de la folie, on comprend facilement qu'une bonne administration de la justice réclame de solides connaissances de psychiatrie qui faciliteront, seules, aux magistrats l'application juste de la loi.

Le Code ne donne pas de définition des maladies qui peuvent altérer le fonctionnement normal d'un cerveau ; il ne fait aucune mention de l'incapacité

(1) Emmery, *Exposé des motifs*. Locré, t. II, p. 657.
(2) M. Planiol, *loc. cit.*, n° 2850, p. 902.

naturelle ; il parle seulement d'insanité d'esprit à propos de l'art. 901 ; enfin dans l'art. 489, tandis qu'il cite quelques variantes de la folie, il laisse clairement entrevoir que l'aliénation mentale sous toutes ses formes peut donner lieu à l'interdiction, laissant ainsi un vaste champ d'interprétation et d'extension, suivant les constatations scientifiques et les progrès qui forcément doivent se produire.

Quoiqu'il en soit, en se basant sur le but de l'interdiction, qui est de créer une incapacité absolue comme moyen efficace de protéger l'individu et sa famille ; en ne perdant jamais de vue la préoccupation de la loi qui est de soumettre à l'autorité de ses prescriptions seulement les personnes atteintes d'une maladie mentale grave ; en se fondant enfin sur les données certaines de la psychiatrie, on peut, avec toutes les garanties de certitudes, s'arrêter à un ensemble de préceptes utiles pour la détermination des cas où l'interdiction peut être ordonnée.

Ainsi, dans la sphère de ce que la loi appelle imbécillité, c'est-à-dire des arrêts du développement psychiatrique, on distingue deux degrés : celui de l'idiotie d'une part, où la formation des conceptions abstraites manque totalement ; celui de l'imbécillité, d'autre part, où cette capacité existe dans une mesure restreinte, mais qui n'atteint jamais la hauteur et l'ampleur que l'on rencontre chez la moyenne des hommes normaux.

La condition des idiots ne présente, en pratique, aucune difficulté. L'incapacité complète ne peut faire l'objet d'aucun doute. Au contraire, les degrés d'imbécillité peuvent présenter différentes variétés plus ou moins prononcées ; mais à moins de ne constituer finalement qu'un léger arrêt du développement intellectuel (on n'est plus alors dans le cadre pathologique), l'imbécillité peut toujours entraîner, contre celui qui en est atteint, le prononcé d'une mesure de protection : interdiction qui entraîne une complète incapacité ou nomination d'un conseil judiciaire chargé de protéger les intérêts du malade dans certains cas déterminés.

L'imbécile, en effet, à tous les degrés que peut présenter son état, peut être sujet à des impulsions morbides ; même dans les cas où ses dispositions mentales touchent de près à l'état normal, il n'a pas d'opinion personnelle, pas d'idées à lui, et devient facilement un sujet malléable, incapable de résister à une pression quelconque lui venant du dehors (1). Il doit, dès lors, attirer toute la sollicitude des juges et profiter des protections que la loi accorde dans ces cas.

Cependant, au nombre des causes d'interdiction énumérées dans l'art. 489, à côté de l'imbécillité

(1) V. Tardieu, *loc. cit.*, p. 143 ; Dr Krafft-Ebing, *l. c.*, p. 717 ; Endemann, *l. c.*, p. 132 et s.

figurent la démence et la fureur. Ces expressions ont, cela est évident, une signification très générale. On entend, par démence, toutes les variétés de l'aliénation mentale. Ce terme, dans la langue du droit, n'a pas la signification restreinte qu'il a en médecine. Dans ce dernier domaine, la démence est considérée comme une espèce avec des caractères déterminés. Quant à la fureur, ce n'est qu'un simple symptôme de la manie, dont elle représente le degré le plus supérieur. Dès lors, ce sont tous les cas de maladie mentale qui peuvent devenir une cause d'interdiction. Aussi il appartiendra au juge seul, de constater si ce mal a pour effet d'enlever le raisonnement normal et sain du malade, et s'il constitue un état habituel qui, par cela même, lui enlève la possibilité de gérer ses biens et gouverner sa personne.

A cet égard, une distinction s'impose entre les états primaires de la maladie qui peuvent, le plus souvent, être guérissables et les états secondaires, incurables dans la plupart des cas. Si ces derniers constituent, précisément, la sphère dans laquelle l'application de la loi est exigée et de droit, dès que la maladie mentale est constatée, ce serait, par ailleurs, un recul et un désintéressement que le législateur n'a pu vouloir, que de refuser cette mesure aussitôt que des présomptions de guérison apparaissent. Aussi le plus vaste champ d'application est laissé aux magistrats et par les moyens que la loi leur confère, par les enquêtes et interrogatoires, il dépendra d'eux qu'une juste appréciation soit faite, correspondant tout à la fois avec les intérêts du malade et les progrès de la science.

Cependant bien que les termes larges dont se sert le Code permettent d'embrasser tous les cas, malheureusement nombreux, des maladies mentales, on commettrait un véritable abus si l'on faisait compter, parmi les causes d'interdiction, les maladies physiques, la surdi-mutité, la cécité, et encore moins l'ivrognerie, les maladies nerveuses — telle que la neurasthénie — la vieillesse. Il n'est pas moins vrai que tous ces états peuvent, bien souvent, amener une altération de l'esprit ou être la cause d'un arrêt du développement intellectuel. Dans ces hypothèses, l'application des principes généraux, qui n'admettent d'autres causes d'interdiction que l'aliénation mentale, n'est pas douteuse. Cependant, au moyen des dispositions de l'art. 499 Code civil, on s'accorde (nous le montrerons plus loin) à placer, sous la protection de la loi, ces différents états qui peuvent donner lieu à une faiblesse d'esprit et, partant, autoriser la dation d'un conseil judiciaire.

§ II. — *Effets de l'interdiction.*

Une fois que, conformément à la procédure établie en cette matière, l'interdiction est ordonnée, elle a pour conséquence de changer absolument l'état de la personne. D'une personne libre, indépendante, maîtresse de ses actions, l'interdiction fait une incapable, hors d'état d'administrer ou aliéner son patrimoine, et même de diriger sa personne. Il est en ce cas d'une bonne législation, dans une matière aussi grave et aussi délicate, de déterminer, aussi catégoriquement et clairement que possible, toutes les conséquences résultant d'une telle mesure. Le Code français présente, à ce sujet, certaines lacunes qui ont donné lieu à de vives discussions non encore taries.

Nous indiquerons les effets produits par l'interdiction, d'une part, ceux qui sont déterminés par des textes précis de la loi, et, d'autre part, ceux qui résultent implicitement de l'esprit de la loi et du but que se propose cette institution.

A. *Mise en tutelle de l'interdit.* — La mise en interdiction d'une personne a pour effet primordial de mettre obstacle au libre exercice de ses droits ; la conséquence naturelle est donc l'obligation de pourvoir à cette impossibilité de fait. C'est ce à quoi tend la loi en assimilant l'interdit au mineur et en étendant les dispositions relatives à la tutelle des mineurs à la tutelle des interdits (art. 509). Cette généralisation n'est point cependant absolue. La mise en tutelle de l'interdit a comme but d'assurer, premièrement, les soins nécessaires à la personne ; deuxièmement, de protéger les intérêts patrimoniaux de l'interdit. La nature et le but de l'interdiction étant tels, il en résulte un certain nombre de différence logique entre la tutelle de l'interdit et celle du mineur, malgré l'assimilation faite par l'art. 509. Voici quelques-unes des particularités relatives à la tutelle des interdits, quelques-uns des traits qui la distinguent de celle des mineurs.

L'administration des biens de l'interdit doit, dans des cas urgents, lui être enlevée très promptement ; l'art. 497 prévoit cette hypothèse, détermine la mesure sage qui autorise la nomination d'un administrateur provisoire chargé de prendre soin de la personne et des biens jusqu'à ce que l'interdiction soit définitivement ordonnée. Cela tend à prévenir la dissipation des biens, la facilité des.engagements, la source des procès susceptibles de résulter des lenteurs inévitables que toute la procédure de l'interdiction entraîne forcément. Sans cette disposition, que la situation du mineur ne réclame pas, on enlèverait à l'interdiction un de ses grands intérêts.

Par ailleurs, de la double charge donnée au tuteur de l'interdit, la principale dans l'esprit du législateur étant les soins à donner au malade, le Code fait admettre une dérogation au principe que la femme est incapable d'être tutrice, ainsi l'art. 507 autorise la nomination de la femme de l'interdit comme tutrice.

D'autre part, au sujet de la tutelle de l'interdit on trouve des dispositions qui n'existent pas dans celle du mineur ou qui sont opposées aux principes régissant cette dernière. Ainsi, l'art. 510 détermine l'emploi des revenus de l'interdit. Cette disposition sage et prévoyante a en vue la guérison possible du malade et, dans tous les cas, le soulagement de son infortune. Ceci devrait, en fait, être le but du tuteur et l'application du texte devrait constituer la véritable préoccupation du conseil de famille pour répondre ainsi à l'exigence de la loi et au but humanitaire de cette institution (1).

Dans la tutelle d'un mineur la loi ne pouvait pas prévoir l'hypothèse de la constitution de dot d'un enfant ou d'avancement d'hoirie pour cause de mariage. L'interdit, par contre, pouvant avoir des enfants, son incapacité ne devait pas constituer un obstacle à leur établissement, aussi l'art. 511 détermine que la dot ou l'avancement d'hoirie et les autres

(1) V. à ce sujet, M. Beudant, *loc. cit.*, p. 508.

conventions matrimoniales seront réglées par un avis du conseil de famille homologué par le tribunal sur les conclusions du procureur de la république.

Une autre différence sépare ces deux espèces de tutelles, en ce qui concerne : 1° la nomination du tuteur, celui-ci, sauf l'exception de l'art. 506, sera toujours nommé par le conseil de famille ; 2° la durée de la tutelle ; celle-ci ne pouvant avoir un terme certain, dès lors elle a été fixée à dix ans pour tous autres que les époux, les ascendants et les descendants ; enfin, en ce qui concerne sa cessation, c'est de la guérison de l'interdit qu'elle dépend et encore la guérison doit-elle être préalablement constatée par l'autorité judiciaire dans les mêmes formes que celles qui ont été observées pour obtenir l'interdiction (art. 512, C. c. et 897 C. pr. c.).

B. *Incapacité de l'interdit d'être tuteur ou membre dans un conseil de famille.* — Cette mesure est prévue par l'art. 442 et les motifs de cette disposition n'ont point besoin d'être expliqués.

C. *Extinction de la puissance paternelle.* — La loi ne prend, au sujet de la puissance paternelle exercée par l'individu interdit, aucune disposition, son extinction est néanmoins une conséquence qui s'impose à dater du jour de l'interdiction.

L'art. 373 qui constitue la disposition de droit

commun, détermine que c'est le père seul qui exerce cette autorité ; il ne s'occupe, à l'inverse, d'aucun des cas où cet exercice serait empêché pour une raison ou autre. Dès lors, comme la puissance paternelle ne peut être déléguée, en droit cette autorité ne pourra lui être enlevée ; mais en fait elle sera exercée par la mère à qui l'autorité appartient au même titre qu'au mari, ce dernier en ayant l'exercice dans les cas normaux. Cette disposition se trouverait applicable même au cas où la tutelle ne serait pas donnée à la femme. — Cependant le silence de la loi à ce sujet donne lieu à une anomalie curieuse dans l'hypothèse où le père ou la mère survivant sera interdit ; alors, en vertu du principe que la loi ne délègue pas la puissance paternelle, cette autorité ne serait exercée par personne. En fait, c'est le tuteur qui l'exerce, tout en admettant pour l'honneur des principes qu'elle continue à résider entre les mains du survivant. Ce silence de la loi suppléé par la nécessité des choses est une lacune.

D. *Puissance maritale.* — Pas plus que la puissance paternelle, la puissance maritale ne peut être déléguée, elle appartient en droit au mari même interdit, elle subit néanmoins en fait certaines restrictions. 1° Dans le cas où la femme est nommée tutrice, elle a, en cette qualité, les pouvoirs résultant de la tutelle et par suite des droits tant sur la personne que sur les biens du mari. Ainsi, c'est comme tutrice qu'elle a qualité d'administrer tous les biens de celui-ci, avec les réserves de l'art. 507, qui autorise le conseil de famille à réglementer la gestion des biens. C'est encore en cette qualité et en cette qualité seule, qu'elle a des pouvoirs sur les biens de la communauté et qu'elle est par là même tenue à l'observation de toutes les règles qui s'y réfèrent (1).

Dans le cas où c'est un étranger qui sera nommé tuteur, celui-ci ne pourra exercer la puissance maritale, il n'aura que l'administration des biens tant personnels que ceux de la communauté et même des biens personnels de la femme, dont l'administration aura été déléguée au mari en vertu des conventions matrimoniales. L'interdiction ne constituant même pas une cause de séparation des biens en tant que la dot n'est pas mise en péril (art. 1443) (2).

En vertu de ce principe, disons, en signalant les dispositions de l'art. 108, al. 1, qui fixe le domicile de l'interdit (ce qui constitue encore un des effets de cette institution) que nous ne pouvons pas admettre la théorie qui enseigne que la femme qui ne sera pas tutrice, aura son domicile chez le tuteur. L'établissement du domicile entre dans le domaine

(1) Ainsi elle aura à faire l'inventaire des biens du mari ; elle ne pourra aliéner les biens de la communauté que dans les formes prsscrites pour l'aliénation des biens des mineurs,

(2) Aubry et Rau, t. V, p. 393 ; Demolombe, VIII, p. 392 ; Baudry-Lacantinerie, t. III, p. 120.

de la puissance maritale, qui, par le fait qu'elle est suspendue, ne pourra plus être exercée par l'interdit et dès lors la femme gardera le domicile que le mari avait au moment de son interdiction (1).

E. *Dissolution de la Société.* — L'interdiction de l'un des associés emporte la dissolution de plein droit de la Société dont l'interdit faisait partie. La mesure prise par l'art. 1865, al. 4, se comprend, car par son incapacité l'interdit ne sera plus en état de rendre les services que ses coassociés attendaient de lui.

F. *Fin du mandat.* — L'art. 2003, al. 4, indique comme cause mettant fin au mandat l'interdiction du mandant ou du mandataire. Cela se conçoit aisément pour le mandataire devenu incapable de continuer la mission qui lui était confiée. Quant au mandant, on a pensé qu'il n'était plus possible de maintenir une situation fondée sur l'amitié réciproque. C'est un tuteur qui maintenant gère les affaires du mandant, son seul devoir est de ne connaître que le droit du mandant, de le maintenir et de le défendre.

G. *Incapacité de contracter.* — Parmi les conditions essentielles exigées par le Code pour la validité des conventions, l'art. 1108 cite la capacité.

(1) *Sic*, Aubry et Rau, I, p. 580, note 7 ; Laurent, II, p. 131.

Toute personne qui n'est pas déclarée incapable par la loi peut contracter (1123) et, suivant l'art. 1124, les interdits sont incapables. Dès lors tous les contrats passés par l'interdit sont entachés d'une nullité que la loi règle d'une façon différente en les frappant d'une nullité relative. C'est là le principe qui domine toute la matière, c'est le fondement de l'incapacité de droit. La loi n'examine plus si un consentement existe ou n'existe pas, elle crée une présomption générale d'incapacité, en vertu de laquelle le contrat passé par l'interdit est déclaré nul par la force de la loi qui ne considère comme incapable d'être un agent actif qui engendre une convention. — L'incapacité de contracter dont est frappé l'interdit par les textes précités est la conséquence du principe établi par le Code à la partie de l'interdiction, à savoir : tous les actes passés postérieurement à l'interdiction seront nuls de droit.

II. *Nullité des actes passés par l'interdit.* — « L'interdiction ou la nomination d'un conseil aura son effet du jour du jugement. Tous actes passés postérieurement par l'interdit ou sans l'assistance du conseil, seront nuls de droit. » Telle est la teneur de l'art. 502. Trois principes s'en dégagent :

1° L'interdiction ayant pour effet de créer une incapacité, il importait à quel moment cette incapacité commencerait à produire ses effets. Il est généralement admis que l'effet du jugement d'interdiction est immédiat et qu'il n'est point subordonné à une formalité quelconque de publicité. Au surplus, l'omission des mesures prescrites par l'art. 501 n'a jamais eu aucune influence sur la validité de l'acte passé par l'interdit à la suite du jugement, il en sera quand même frappé de nullité. Cela était admis avant que les alinéas 1, 2, 3 aient été ajoutés à ce texte par la loi du 16 mars 1893 (1), cela ne peut faire de doute maintenant que la sanction est donnée par le dernier alinéa (2). En plus, comme l'appel n'est suspensif que pour les actes d'exécution proprement dits (art. 505 et 457 C. pr. c.) l'incapacité existera dès le jugement de première instance, malgré l'appel interjeté, dans le cas bien entendu où il serait confirmatif.

2° L'art. 502 déclare nuls *tous* les actes passés par l'interdit postérieurement au jugement. Ce texte a suscité de grandes discussions quant à la question de savoir si l'incapacité de l'interdit est absolue et frappe sans distinction tous les actes quels qu'ils soient. Discussion qui, à l'heure actuelle, n'est point tarie et que nous aborderons, après avoir désigné le troisième principe qui se dégage de ce texte :

3° Il donne la sanction de l'incapacité produite par le jugement d'interdiction en déclarant les actes passés par l'interdit « nuls de droit ». — On connaît

(1) Aubry et Rau, t. I, p. 517 ; Demolombe, t. VIII, p. 362.
(2) M. Planiol, n° 2873, p. 908.

le caractère de cette nullité qui, malgré les termes dont se sert le législateur, n'est que relative et non pas absolue dans le sens de la distinction faite par l'art. 1117. La nullité instituée par l'art. 502 n'est donc pas autre chose que celle dont parle l'art. 1125 (1), et qui ne peut être proposée que par ceux dans l'intérêt desquels elle a été proposée, dont la durée est déterminée par l'art. 1304 à dix ans; qui, aux termes de l'art. 1338, peut être ratifiée ou confirmée et dont la conséquence est, alors que l'action triomphe, de remettre les choses dans le même état qu'avant la convention annulée, avec la restriction de l'art. 1312 qui n'est, en somme, que la confirmation du principe que nul ne peut s'enrichir aux dépens d'autrui.

Nous avons, dans les pages qui précèdent, démontré tous les effets produits par l'interdiction tels qu'ils sont déterminés par des textes précis, ou tels qu'ils s'imposent à l'interprète pour des raisons inéluctables de fait. — A la vérité, le but de la loi aurait dû être d'établir, par des textes précis et concrets, tous les effets produits par l'incapacité de droit sur tous les actes, sur toutes les manifestations humaines, ainsi que la loi elle-même a semblé le vouloir quand elle statue sur certaines hypothèses, telles

(1) M. Beudant, *loc. cit.*, p. 601, n° 976 ; M. Planiol, n° 2900, p. 917 ; Huc, t. III, n° 517, p. 502.

que dissolution d'une société, ou fin du mandat. Il n'en a pas été ainsi, aussi peut-on faire un juste reproche aux auteurs du Code, que dans cette matière aussi délicate, qui, par les conséquences graves qu'elle provoque, par la grande restriction qu'elle apporte à la liberté, ils n'aient point établi d'une façon claire, compréhensible, à l'abri de toute discussion, ou à peu près, la portée de l'incapacité pesant sur l'interdit. — Mais bien plutôt on pourrait adresser ce reproche à l'esprit juridique si nécessaire pour mettre en harmonie les principes de la loi avec l'évolution sociale et les besoins nouveaux, qui, mû, en cette occurrence, par des idées sentimentales sur le grand principe de liberté individuelle, protégé par le Code, s'est efforcé de distinguer entre les divers actes faits par un interdit, pour en dénier à certains toute valeur, quel qu'ait été l'état de l'interdit, et pour en autoriser certains autres, à l'inverse, pourvu qu'ils aient été accomplis dans un état de lucidité.

En tous cas, ce qui est certain, c'est que l'art. 502 par les mots dont il se sert : « Tous actes passés postérieurement par l'interdit..... seront nuls de droit » semble vouloir établir un principe général et frapper de nullité, sans distinction aucune, tous les actes quels qu'ils soient. — Néanmoins, bien que le caractère absolu de ces termes ne paraissent pas prêter à discussion, il est pour le moins étrange de constater que dans le siège des matières concernant les actes les plus graves de la vie, l'incapacité résultant de l'interdiction ne soit pas prévue catégoriquement comme cause de nullité, alors que dans des faits de moindre importance l'objet de l'interdiction est nettement déterminé. — Aussi la doctrine, voulant expliquer les prohibitions de la loi, s'est-elle demandé si ce texte admet une incapacité générale et absolue s'étendant à toutes espèces d'actes accomplis même pendant un intervalle lucide, ou bien s'il faut distinguer entre les actes suivant que le tuteur pourrait ou ne pourrait pas accomplir à la place de l'interdit. Cela tendrait à distinguer, d'une part, les actes qui seraient nuls de par la force de la présomption créée par la loi et les actes qui seraient valables s'ils avaient été accomplis pendant un intervalle lucide.

La première interprétation fut celle que l'on admit après la promulgation du Code. Cette doctrine se fondait sur la précision du texte hostile à toute distinction ; elle invoquait les principes qui régissent la matière, en vertu desquels on ne peut plus admettre les intervalles lucides ; elle arguait sur le peu de fondement que présente en fait l'existence des intervalles lucides ; enfin, elle établissait les inconséquences pratiques auxquelles aboutirait la doctrine contraire, en enlevant le protection de la loi, précisément aux actes les plus graves. Et, cependant, le principe de la nullité absolue n'était pas admis dans toute sa rigueur; on y apportait, en effet, des exceptions. La doctrine d'ailleurs était fort partagée. Ainsi, on admettait que l'interdit était incapable de contracter mariage, mais capable de disposer par testament (1); ou bien, au contraire, tandis que l'on admettait la capacité pour le mariage, on la refusait pour le testament (2); ou bien encore après avoir refusé à l'interdit le droit de tester, on lui accordait le droit de reconnaître un enfant naturel, ou de se marier pendant un intervalle lucide, mais sous les mêmes conditions que le mineur, c'est-à-dire avec le consentement de ses ascendants ou de son conseil de famille (3). — Il semble que ce soit là un état de droit ancien. En effet, l'interprétation rigoureuse de l'art. 502 n'est plus admise aujourd'hui ni par la doctrine, ni par la jurisprudence. L'une et l'autre repoussent cette application textuelle du Code comme entraînant des conséquences inhumaines. Aussi les efforts ont tendu à établir une distinction entre les divers actes frappés par l'art. 502. Mais l'accord existant sur ce point cesse et

(1) Rep. Dalloz, v. *Mariage*, n° 207, et *Dispositions entre vifs*, n°s 219 et s.

(2) Troplong, *Contrat de mariage*, t. I, n° 289 et *Donations et Testaments*, n° 462.

(3) Zachariæ, t. III, n° 127, t. IV, p. 40 et t. V, p. 14.

les dissentiments sont graves lorsqu'il s'agit de trouver le critérium de cette distinction.

M. Demolombe (1) admit, de l'art. 509, le principe que l'interdit doit être assimilé au mineur et conclut de là à l'application de l'art. 450 ; l'interdit, dès lors, serait incapable de faire tous les actes que le tuteur a mission de faire pour lui et en son nom, mais, par ailleurs, il resterait capable d'accomplir, pendant un intervalle lucide, tous ceux pour lesquels l'interdit ne peut être représenté.

MM. Aubry et Rau disent (2) que : quelque générale que soit dans ses termes la règle posée par l'art. 502, elle ne s'étend ni aux mariages, ni aux reconnaissances d'enfants naturels, mais elle s'applique aux contrats de mariage ainsi qu'aux dispositions à titre gratuit et notamment aux testaments.

M. Laurent (3), dont l'opinion est suivie dans la jurisprudence et en faveur dans la doctrine moderne (4), établit une distinction entre les actes de la vie civile qui sont de deux sortes : ceux qui se rattachent à l'administration du patrimoine, c'est-à-dire les actes pécuniaires, et ceux qui tiennent au côté

(1) Demolombe, t. VIII, p. 401 et s. et Ed. Villey, *Des actes de l'interdit postérieurs au jugement d'interdiction*, p. 125 et s.

(2) Aubry et Rau, t. I, p. 523, textes et notes 4 et 5.

(3) Laurent, t. V, p. 365 et s.

(4) Huc, t. III, p. 504 ; Baudry-Lacantinerie, t. I, p. 727.

moral de la nature humaine, qui ne sont que l'exercice des droits essentiellement personnels, à savoir les actes moraux. Or, comme le but de l'interdiction est de protéger l'interdit et sa famille contre les actes qui ruineraient son patrimoine, ce sont seulement les actes pécuniaires qui tombent sous le coup de l'art. 502, les actes moraux restent en dehors de son domaine. La conclusion du raisonnement est donc qu'un interdit ne pourra tester dans un intervalle lucide (1), car c'est une question pécuniaire qui influe directement sur le patrimoine, mais par contre il pourra se marier, reconnaître un enfant naturel, adopter, etc.

Aussi magistralement que soient exposées ces doctrines, on ne saurait trop se défendre contre l'impression d'arbitraire qu'elles produisent. En effet, le principe posé par la loi est général; or, l'on cherche à distinguer là où elle est d'une netteté indiscutable. La preuve de ce que nous avançons est d'ailleurs amplement donnée par la difficulté que l'on éprouve de trouver cette distinction dont l'existence semble nécessaire.

Nous avons reproché, il est vrai, au législateur de ne pas avoir, dans une matière aussi délicate, déterminé, quant aux actes que l'on entend appeler moraux, l'effet produit par l'incapacité créée par la loi ;

(1) *Cass.*, 27 février 1883, S. 84, I, 65.

cependant si un reproche de ce chef peut être fait, la licence de la loi n'autorise nullement les jurisconsultes à y suppléer arbitrairement. Quoique l'on dise, la seule interprétation juridique de l'art. 502 aboutit à établir une incapacité absolue, on le reconnaît dans toutes les doctrines, seulement il faut aller jusqu'au bout et l'admettre générale sans reculer devant les conséquences et s'attendrir devant de fausses raisons humanitaires. Cette interprétation répond seule aux intentions du législateur et encore plus au but que poursuit la théorie de l'interdiction.

La doctrine qui s'était formée après la promulgation du Code et qui admettait l'incapacité générale et absolue, encore qu'elle ne fût pas assez franchement acceptée, avait le mérite de fonder sa théorie sur les travaux préparatoires. Mérite réel, fondement sérieux, étant donné que c'est dans les travaux préparatoires que l'on trouve les intentions du législateur manifestées d'une manière si précise, qu'elles peuvent difficilement prêter à discussion ; aussi bien est-ce l'un des points qui, dans les réfutations qui en ont été postérieurement données, a été des moins entamés.

Voici ce que l'on lit dans le rapport au tribunal fait par Bertrand de Greuille (1) : « Mais l'homme « devenu majeur n'est pas à l'abri de tous les maux « qui fondent trop souvent sur sa frêle existence. Soit

(1) Fenet, t. X, p. 720.

« erreur de la nature, soit maladie, tous ses organes, « toute la symétrie de son être, toutes les habitudes « de son corps, se trouvent quelquefois dans un état « de contraction ou d'affaiblissement. Son esprit ne « se prête qu'à des conceptions désordonnées, il ne « peut plus administrer sa personne et ses biens : il « devient même, pour tous ses concitoyens, un objet « de pitié, de dérision ou de crainte, et s'il demeure « habituellement dans cette pénible et douloureuse « position, son intérêt, celui de la société s'accordent « également pour exiger impérieusement qu'on le « prive de l'exercice de ses droits civils, ou, en « d'autres termes, qu'il soit pourvu à son interdic- « tion : c'est aussi ce que l'art. 483-489 du projet, en « cela conforme à la loi romaine, a sagement et uti- « lement ordonné ».

Et plus loin il dit encore, après avoir établi une comparaison entre l'interdiction et la nomination d'un conseil judiciaire : « Heureuse et sage disposi- « tion ! qui ménage à la justice la faculté de n'em- « ployer *la sévérité et la rigueur* de l'interdiction « que dans les cas les plus puissants et les moins « équivoques et qui, en conservant à l'homme la dis- « position de ses revenus, le met en même temps « dans l'impossibilité de devenir le jouet de ces êtres « vils qui ne rougiraient pas de tendre des pièges à « sa facilité pour engloutir sa fortune et le précipiter « dans le malheur.

Et enfin il termine en disant : « Il n'aura pas « échappé à votre sagacité que toute l'économie de « ce projet repose entièrement sur la double et judi- « cieuse similitude qu'il introduit entre l'interdit et « le mineur non émancipé d'une part, et de l'autre « entre l'individu placé sous l'empire du conseil ju- « diciaire et le mineur parvenu à l'émancipation. Il « assure ainsi la puissante protection de la loi à la « faiblesse et au malheur qui dérangent trop souvent « l'harmonie sociale, *il conserve les biens et la paix « des familles*, il ouvre le cœur à toutes les affec- « tions morales, à tous les sentiments généreux, il « maintient tous les droits, il ménage tous les inté- « rêts, il est donc digne de prendre une place hono- « rable dans ce nouveau Code. »

D'après les fragments que nous venons de reproduire il est aisé dc constater quelles sont les vues sur la matière de l'interdiction et de ses effets et ne laissent pas de doutes. Et voici, en continuant les recherches, des paroles non moins significatives. Tarrible, dans son discours au corps législatif, disait que : « l'interdiction absolue est nécessaire à l'égard de l'insensé » ; enfin Emmery (1), l'organe du Conseil d'Etat, donnait les explications les plus claires sur l'esprit de la loi : « Ce n'est pas sur quelques actes « isolés qu'on s'avisera jamais de décider qu'un

(1) Fenet, t. X, 708 et s.

« homme a perdu le sens et la raison... Mais lors-
« que la raison n'est plus qu'un accident dans la
« vie de l'homme, lorsqu'elle ne s'y laisse aperce-
« voir que de loin en loin, tandis que les paroles et
« les actions de tous les jours sont les paroles et les
« actions d'un insensé, on peut dire qu'il existe un
« état habituel de démence, c'est alors le cas d'in-
« terdiction.

« Il est possible qu'une personne dont l'interdic-
« tion aura été demandée pour cause d'imbécillité
« ou de démence ne paraisse pas être en cet état,
« mais qu'il soit bien prouvé qu'à raison de la fai-
« blesse de son esprit, ou de l'ascendant de quelque
« passion dominante, elle soit peu capable de la di-
« rection de ses affaires. Alors le juge sera embarrassé
« si la loi ne lui permettait pas d'employer un autre
« remède que celui de l'interdiction. Le juge, en sem-
« blables circonstances, pourra intimer la défense de
« plaider, transiger, emprunter, recevoir des rem-
« boursements, aliéner ni hypothéquer sans l'assis-
« tance d'un conseil qui sera nommé par le juge-
« ment.

« Vous apercevez, législateurs, la différence no-
« table qui existe entre l'*interdiction absolue* et ce
« simple assujettissement à prendre, dans certains
« cas spécifiés, l'avis d'un conseil. Ceux auxquels on
« donne uu conseil ne sont pas incapables de la vie
« civile. Ils ne peuvent s'obliger en contractant sans

« l'assistance de leur Conseil, mais ils sont habiles à « se marier, ils peuvent faire un testament, *ce que « ne peuvent pas les interdits pour cause d'imbécillité, « de démence ou de fureur.*

Après cet ensemble de déclarations, la volonté du législateur telle qu'elle a été manifestée avec netteté à plusieurs reprises, peut-elle encore prêter à discussion ; et lorsqu'elle s'est traduite par la rédaction d'un texte aussi clair que l'art. 502, peut-on encore, sans être accusé d'arbitraire, chercher à faire une distinction entre les actes moraux et les actes pécuniaires?

La maladie mentale dans un état avancé, quand elle existe à l'état habituel, ne peut laisser à l'individu atteint aucune liberté; cet individu sera, en effet, toujours le jouet des idées étrangères qui lui sont imposées soit par le caractère de sa maladie, soit par l'influence que risque de prendre sur lui la volonté de quiconque réussira à s'assurer sur lui de l'ascendant. Son moi personnel ne peut plus avoir la lucidité nécessaire pour lui permettre d'envisager clairement et normalement la portée juridique et économique de ses actes. Cet état doit être générateur d'une protection spéciale. Le législateur trouve cette protection dans l'interdiction ; mais s'il est admis, il est naturel que la sollicitude législative s'étende et se généralise. Logiquement, il ne peut être établi des distinctions. La protection pour être efficace doit être individuelle, ne pas varier avec le caractère intrinsèque des actes. Certes, le premier et principal rôle de l'institution est de protéger la personne et les intérêts du malade mental, mais ce que l'on semble oublier, dans la théorie que nous combattons, c'est que la loi prête en général une importance aussi grande aux intérêts de la famille (le système des successions le prouve amplement), la loi ne pouvait rester indifférente à toutes les considérations morales qui frapperaient la personne de l'interdit, quand on lui accorde de prendre des mesures de conservation du patrimoine qui risque d'être la matière des dissipations faites sans discernement et dont le résultat serait de laisser dans l'indigence tous les proches du dissipateur. En fait, tandis que l'art. 510 donne la mesure des égards que la loi a pour la personne de l'interdit lui-même, l'art. 490 désigne les personnes autorisées à provoquer l'interdiction : *tout parent*, dit le texte, car tous « ont un intérêt direct et personnel à cette conversation (de la fortune) et de plus une solidarité d'honneur et d'affection qui doit leur mériter toute confiance (1) ». Dès lors, dans l'intérêt même du malade d'une part, dans celui de sa famille d'autre part, peut-on délibérément, en dehors de tout texte, décider que les actes qu'on appelle moraux peuvent être faits dans des intervalles lucides ? (2).

(1) V. le rapport de M. Bertrand de Greuille, p. 100.

(2) M. Planiol, *loc. cit.*, n° 2896, p. 915 dans le même sens.

Le caractère absolu de l'incapacité de droit ne résulte-t-il pas aussi de la graduation faite par la loi entre l'interdiction et la dation d'un conseil judiciaire ? Cette dernière mesure peut être ordonnée en cas de faiblesse d'esprit, alors l'art. 499 désigne limitativement les actes que le juge pourra défendre à la personne placée sous conseil, et ce ne sont pas là précisément les actes pécuniaires qui lui sont défendus par opposition à ceux qui lui seront loisibles d'accomplir, à savoir le mariage, le testament, l'adoption, etc., lesquels sont absolument défendus à l'interdit ?

A la vérité, l'interdiction a été vivement critiquée et âprement combattue. On s'est récrié contre l'inhumanité des mesures édictées ; contre la spéculation honteuse qu'elle peut susciter ; on a montré les spoliations qu'elle provoque dans les familles, et surtout l'attentat à la liberté individuelle auquel elle donne ou peut donner lieu. Peut-être bien que des applications malheureuses de l'interdiction ont pu être faites, mais de là à saper toute l'institution il y a un abîme. Toute une catégorie de personnes, dont le nombre ne fait malheureusement que s'accroître, resterait sans protection, le nombre des procès accroîtrait, et l'incertitude la plus absolue régnerait dans les rapports juridiques, pour le plus grand désavantage des familles et des tiers. Aussi bien, pour que la protection accordée aux personnes frappées d'aliénation mentale corresponde au but que la loi se propose, la protection doit être efficace et éviter, dans les mesures possibles, toutes les dispositions préjudiciables aux intérêts de la personne interdite et de sa famille.

Les auteurs du Code l'ont parfaitement compris et c'est pour cela qu'ils ont édicté, dans les termes les plus formels, la nullité absolue et générale de tous les actes et ce sans distinction aucune. Le caractère de protection générale de l'interdiction est une chose qui s'impose tellement impérieusement que j'oserais dire que la doctrine moderne, en se fondant sur les connaissances actuelles de la psychiatrie, devrait l'admettre comme le seul moyen efficace de venir en aide aux personnes atteintes d'aliénation. De nos jours, on s'évertue à trouver les procédés les meilleurs pour reconnaître l'irresponsabilité non seulement des personnes dont l'état pathologique est nettement caractérisé mais de toutes celles qui peuvent être victimes d'une folie passagère, d'une morbidité accidentelle, de troubles de la raison capables d'entraver le fonctionnement normal de la volonté. On songe à créer des asiles d'internement pour les alcooliques sans crier à l'attentat commis contre la liberté individuelle, et l'on laisserait les intérêts civils d'une personne sans protection, ou à la merci d'un supposé état lucide, alors qu'il s'agit des actes les plus graves de son existence ?

La protection absolue de la loi est nécessaire, la doctrine et la jurisprudence le reconnaissent, certes, puisque là où les dangers sont particulièrement grands, elles atténuent les scrupules qu'elles manifestent d'ordinaire, et ce pour arriver à déclarer l'incapacité totale de l'interdit, pour les donations et testaments. Une autre preuve bien puissante aussi, se trouve dans le fait que les législations les plus récentes, les plus conformes aux besoins modernes n'ont pas hésité à proclamer l'incapacité absolue de toute personne atteinte d'une maladie mentale grave : tel l'art. 4 de la loi fédérale sur la capacité civile du 22 juin 1881, tel encore l'art. 104 du nouveau Code civil allemand.

En résumé, pour que la protection de la loi soit véritablement efficace, il faut franchement admettre l'incapacité absolue de l'interdit. De tout temps l'existence des intervalles lucides et les caractères qu'ils doivent offrir ont été l'objet de vives discussions. Les paroles de D'Aguesseau, pour définir les intervalles lucides, sont devenues classiques dans la matière (1) ; aujourd'hui, la tendance de la psychiatrie

(1) « Il faut que ce ne soit pas une tranquillité superficielle, « une ombre de repos, *adumbrata quies* ; mais au contraire, une « tranquillité profonde, un repos véritable ; il faut, pour nous ex- « primer autrement, que ce soit, non une simple lueur de raison « qui ne sert qu'à faire mieux sentir son absence aussitôt qu'elle « est dissipée, non un éclair qui perce les ténèbres pour les « rendre encore plus sombres et plus épaisses, non un crépuscule

moderne est même de nier absolument l'existence des intervalles lucides (1). Quoiqu'il en soit de cette discussion physiologique, sur laquelle nous ne saurions nous prononcer absolument, un fait est certain, c'est que pour les « cas avancés » qui seuls entrent dans la sphère des causes d'interdiction, la constatation de leur existence, en fait, sera au moins des plus difficiles. Dès lors, faut-il laisser au juge l'appréciation, toujours délicate, des actes qui risquent d'être les plus graves de la vie, alors que la législation a élevé contre l'interdit, en principe, une présomption légale d'incapacité, contre laquelle la preuve contraire n'est pas admise?

Si donc la mesure que la loi adopte pour protéger l'interdit est reconnue salutaire, ce n'est pas contre les conséquences qui, d'après les orateurs au corps législatif, constituent « la sévérité et la rigueur de

« qui joint le jour et la nuit, mais une lumière parfaite, un éclat « vif et continu, un jour plein et entier qui sépare deux nuits, « c'est-à-dire la fureur qui précède et la fureur qui suit. Enfin, « sans chercher tant d'images différentes pour rendre notre pen- « sée, il faut que ce soit, non pas une simple diminution, une « rémission du mal, mais une espèce de guérison passagère, une « intermission si clairement marquée qu'elle soit entièrement « semblable au retour de la santé ». Plaidoyer du 15 mars 1798.

(1) Dr Kräplin cité par Endemann, *loc. cit.*, p. 132 ; Dr Krafft-Ebing, *loc. cit.*, p. 265, Liszt dans : *Die Deliks obligationen in system des Bürgerlichen Geselsbuchs*, admet le principe de la psychiatrie moderne qui ne reconnaît pas les intervalles lucides, p. 49.

l'interdiction » que l'on doit s'en prendre. Si elles sont considérées comme seules efficaces pour les actes pécuniaires, logiquement, elles doivent être admises pour tous les actes, spécialement étendues à ceux que l'on désigne du nom d'actes moraux. Mais, comme la mesure est extraordinairement grave, nous ne faisons nulle difficulté de le reconnaître, nous convenons volontiers que ce qu'il faut exiger c'est une stricte et méthodique application de l'interdiction. Ce que l'on doit demander, c'est que les magistrats ne se décident qu'à bon escient pour ordonner l'interdiction. Or, cette tâche, ils ne pourront l'accomplir pleinement qu'en s'éclairant des lumières de la science pour distinguer les états qui réclament une complète incapacité, et partant la mise en interdiction, de ceux qui ne réclament que la dation d'un conseil judiciaire. — Les efforts faits par la doctrine et les distinctions par elle admises, en ce qui concerne les actes de la vie civile, auraient leur raison d'être dans le cas où l'interdiction serait ordonnée pour des états dont l'effet n'est pas d'enlever totalement à une personne la capacité de juger, d'une façon normale et raisonnable, la portée économique et juridique de ses actes; mais alors on n'est plus dans l'esprit de la loi qui exige un état habituel et si grave, qu'on puisse lui enlever sa complète liberté, dans son intérêt personnel et celui de sa famille.

Une critique, d'un autre ordre que celle qui vient d'être examinée, est encore faite à l'encontre de l'interdiction. Ainsi, on a coutume d'envisager avec méfiance le rôle de la famille dans les demandes d'interdiction; on considère le demandeur comme intéressé à provoquer cette mesure dans une idée de spéculation le plus souvent. La critique est injuste, elle méconnaît les garanties que la loi prend pour éviter précisément les erreurs qui pourraient être la conséquence des mesures ordonnées sans un contrôle suffisant. Ne dispose-t-elle pas, en effet, que l'avis du conseil de famille doit être pris; que les faits d'imbécillité et de démence doivent être articulés par écrit; que le tribunal lui-même procède à l'interrogatoire du défendeur; qu'il peut, en outre, ordonner une enquête? enfin, la loi ne prévoit-elle pas la main levée de l'interdiction dans le cas où l'interdit revient à la raison?

Il est temps de conclure. Nous avons longuement insisté sur cette partie de l'interdiction; nous avons fait peut-être de trop longues citations puisées dans les discours des auteurs du Code civil, mais il nous semblait nécessaire d'établir l'économie de la loi telle qu'elle résulte en pratique des intentions du législateur, telle qu'en théorie elle doit être pour correspondre au but d'une bonne législation. — Si donc, la volonté du législateur ne peut laisser aucun doute sur l'étendue des effets produits par l'interdiction ; si les observations médicales modernes conduisent à réclamer cette même interprétation, pour constituer une réelle protection ; si enfin les juridictions françaises, par leur savoir et leur équité réputée, ne peuvent qu'inspirer une complète confiance dans l'application de l'interdiction qu'aux cas qui comportent cette mesure, nous sommes autorisés à conclure que, devant un texte formel et clair comme celui de l'art. 502, les distinctions ne sont plus permises. — A la vérité, elles sont sûrement dictées par des sentiments honorables, mais elles n'ont pas de fondement, ni juridique, ni scientifique. Nous le répétons, si l'on admet la nécessité et l'efficacité de l'interdiction en tant que mesure de protection, la rédaction du texte discuté devrait paraître suffisante à un bon interprète actuel, pour admettre l'incapacité absolue de l'interdit, alors même que telle n'aurait pas été la consigne, l'intention du législateur, et cela, parce que l'évolution juridique doit s'orienter vers les besoins sociaux, en s'efforçant d'harmoniser les principes avec les nécessités matérielles et morales de la vie.

D'ailleurs, n'est-ce pas ce que font la doctrine et la jurisprudence quand elles décident que l'interdit ne peut, pendant un intervalle lucide, disposer de ses biens par donations entre vifs ou par testament?

Cette doctrine n'a-t-elle pas eu à lutter contre deux

autres, qui autorisaient, l'une les dispositions entre vifs et testamentaires faites par l'interdit pendant un intervalle lucide (1), l'autre autorisant les dispositions testamentaires et déclarant l'interdit incapable de disposer par donations (2)?

L'opinion qui l'a définitivement emporté se fonde, pour combattre les partisans des théories contraires, rien que sur le caractère absolu de l'art. 502. — Le silence de la loi au titre des donations entre vifs et testaments qui n'énumère pas l'interdiction parmi les causes d'incapacité n'est pas prise en considération ; on se réfère purement et simplement à l'art. 502 comme au texte de droit commun qui régit les incapacités de l'interdit (3).

Nous sommes, cela est évident, d'accord avec cette doctrine, seulement en adoptant cet argument, nous nous demandons alors sur quoi se fonde encore la distinction établie entre les actes moraux et pécuniaires? Ne peut-on lui adresser le reproche

(1) Merlin Rep., v. *Interdiction*, § 6, n° 6 et *Testament*, section 1, § 1, art. 1, n° 6 ; Demolombe, *l. c.*, p. 401 et M. Beudant, *l. c.*, p. 605, n° 978.

(2) Coin-Delisle, *Donations*, sur l'art. 901, n° 10 ; Massé et Vergé, sur Zachariæ, t. III, § 415, p. 24 ; et Demolombe, *l. c.*, dans les deux premières éditions.

(3) Aubry et Rau, t. VIII, p. 14 et note 6 ; Laurent, t. V, n°s 308 et s. ; Baudry-Lacantinerie et Colin, *Des Donations et Testaments*, I, p. 108 ; Huc, t. III, p. 505. Cass., 27 février 1883, S. 84, 1, 65.

de faire des distinctions là où la loi n'en fait pas?

On a adressé à cette doctrine des reproches d'inhumanité, en établissant une différence entre la jouissance et les exercices des droits d'un interdit. C'est à quoi on a répondu qu'il y a à considérer un intérêt général et qu'à bien regarder ce sera toujours un avantage d'empêcher l'interdit de disposer de ses biens si l'on considère qu'il peut se trouver entre les mains d'intrigants, ne cherchant qu'à le dépouiller à leur profit. — Voilà encore où nous sommes d'accord, mais, précisément, en se plaçant de ce point de vue, ces craintes ne sont-elles pas tout aussi dangereuses pour tous les actes de l'activité humaine? Si l'on admet ce danger pour les donations et testaments, il n'y a pas de bonnes raisons pour s'arrêter en route. La même solution s'impose pour tous les actes sans distinction, car on ne saurait assez le répéter, il serait incompréhensible que la loi ait songé à embrasser de sa sollicitude, d'une part, certains actes qui peuvent être l'objet de la cupidité des tiers, et, d'autre part, en laisser d'autres, qui sont précisément les plus graves, à la merci de ces mêmes compétitions.

Ces considérations générales qui ont leur raison quand il s'agit de donations et testaments apparaissent à l'esprit comme toutes aussi concluantes pour tous les actes de la vie civile quels qu'ils soient.

En fait, c'est la question de mariage qui présente

le plus de difficultés et qui a été l'objet des plus vives discussions. Ici encore l'interdiction ne figure pas parmi les causes de nullité au titre relatif. C'est d'ailleurs une autre lacune de la loi. L'art. 174 met bien, à la vérité, un obstacle au mariage de l'interdit, mais la question est de savoir précisément, si un mariage célébré sans qu'aucune opposition soit intervenue peut être annulé.

L'effet de l'interdiction, nous l'avons plusieurs fois dit, est de créer une présomption légale d'incapacité, qui, mettant la personne contre laquelle cette mesure a été ordonnée dans l'impossibilité de donner un consentement valable à un acte quelconque, ledit acte ne pourra valoir, comme n'étant pas le résultat d'une intelligence et d'une volonté libres. Cela étant, on doit reconnaître que le mariage d'un interdit peut être dénué de validité, parce que, tout comme les autres actes, il peut être considéré fait sous l'influence des mêmes causes que l'on présume entacher le consentement.

Il est un cas qui ne peut laisser aucun doute, c'est alors que l'interdit se trouve dans un état d'imbécillité ou de démence tel, qu'il ne se rend plus absolument compte de ce qu'il fait ; il est certain qu'un consentement ne peut exister, il fait totalement défaut et dès lors le mariage est nul et donne lieu à l'application de l'art. 146. Ce texte permet d'ailleurs à faire annuler un mariage conclu en état de démence même quand il n'y aura pas eu lieu à l'interdiction.

Mais en dehors de cette hypothèse qui ne fait pas de doute, tout trouble mental supprime le libre arbitre de l'individu. Il est constaté aujourd'hui notamment, que l'aliéné subit, sans y pouvoir résister, les impulsions délirantes dont il est le jouet, et qui faussent complètement sa conscience et la portée des sentiments moraux qu'il pourrait se former. D'autre part, dans les cas d'imbécillité la formation des notions et des jugements peut parfaitement être influencée par un tiers, dès lors l'imbécile peut donner un consentement mais il ne sera jamais conscient, libre. Dans les cas de démence, le malade peut certainement vouloir un acte ; on peut découvrir à cet acte des motifs ; un aliéné peut être capable de raisonner, mais ce qui lui manque toujours, c'est la justesse des perceptions initiales. Voilà pourquoi on ne peut dire que le consentement donné par un interdit pour cause de démence ou d'imbécillité, soit un consentement libre, un consentement voulu. Dès lors, les personnes de cette catégorie, contre lesquelles l'interdiction a pu être jugée utile et être ordonnée, pourront accidentellement donner un semblant de consentement, mais jamais, croyons-nous, même dans les prétendus états de lucidité, le consentement n'est personnel, il est toujours le résultat d'une pression étrangère ou d'idées délirantes. C'est pourquoi, en matière de mariage notamment, il y a lieu de faire une application du principe que le mariage contracté sans le consentement libre des époux ou de l'un d'eux est annulable (art. 180) ; ce qui déterminera le caractère de la nullité et réglementera par qui elle pourra être invoquée. La jurisprudence a d'ailleurs fait l'application de ce texte dans les cas de mariage contracté par un dément non interdit (1), il n'y a pas de bonnes raisons pour que la même solution ne soit acceptée pour les cas d'interdiction.

L'opinion générale de la doctrine est, de ne pas admettre que l'interdiction soit une cause de nullité du mariage (2), la jurisprudence partage cet avis. Et néanmoins nous les trouvons d'accord pour donner au tuteur de l'interdit des actions tendant à la défense des intérêts moraux, telles les actions en désaveu de paternité, en nullité du mariage (3) contracté à un moment où la cause de l'interdiction existait notoirement ; ou en séparation de corps (sauf à obtenir, conformément à l'art. 307 *in fine*, l'autorisation du conseil de famille) ; et tout cela en se fondant sur le fait que le tuteur représente l'interdit

(1) Cassation, 9 novembre 1887, S. 1887, I, 461 et les conclusions de M. l'avocat général Desjardins.

(2) Beudant, *loc. cit.*, I, n° 243, p. 344 ; Huc, *l. c.*, II, p. 28 ; Laurent, II, n° 285-288.

(3) Cass., 26 février 1890, S. 90, I, 216 et l'arrêt conforme de la cour de Bastia, S. 1889, II, 177.

dans toutes les actions civiles, sans distinction, partant sur le caractère de généralité qui doit être celui de l'interdiction. Ne sont-ce pas là, des arguments puissants qui tendent tous à établir que le but de cette institution est de protéger, sans distinction aucune, tous les actes de celui qui a dû être mis sous interdiction?

Répétons donc pour terminer, et sans plus discuter sur tel ou tel acte en particulier, que l'esprit de la loi, le caractère de l'institution et surtout son caractère utilitaire sont autant de raisons pour faire admettre, à titre de solution vraie, la nullité absolue et générale de tous les actes faits par l'interdit.

Il n'en demeure pas moins que l'interdiction est la protection accordée dans les cas graves, dans ceux-là seuls, qui enlèvent l'entière capacité de l'individu contre qui la mesure est ordonnée. La dation d'un conseil judiciaire est, au contraire, la mesure destinée à prévenir les dangers moindres, à protéger les personnes dont l'état mental ne réclame que des mesures moins radicales. Il convient maintenant d'examiner quelles sont les conditions requises pour la dation d'un conseil et la situation créée par cette mesure ; nous indiquerons ensuite la condition faite aux aliénés par la loi du 30 juin 1838. De cette étude il ressortira cette conclusion, que si le législateur s'est rendu compte et a fait état des dangers provoqués par les cas graves d'aliénation mentale, il n'a pas eu la perception aussi nette pour les cas moins graves auxquels, par une assimilation faite avec le prodigue, il n'accorde comme protection que la dation d'un conseil judiciaire. D'ailleurs, c'est une lacune qu'il convient de ne pas lui imputer trop à tort ; elle provient pour partie du rapport très étroit qui existe entre cette matière et l'état de la science médicale. Or, celle-ci n'a pris son véritable essor que depuis un temps relativement court. Aussi bien c'est à la législation moderne seule que peut appartenir le dernier mot, il est probable qu'il ne se fera point trop attendre, car le sujet mérite toute son attention.

SECTION III. — Etats intermédiaires entre l'incapacité résultant de l'interdiction et la capacité du droit commun.

Avec la diversité des cas pathologiques, avec leur caractère différent d'unité, avec la possibilité de guérir le mal, quelques fois même rapidement, le législateur a dû prévoir, en même temps que les cas qui portent gravement atteinte à l'état mental d'un individu, des cas dont la gravité moindre, il est vrai, justifie pourtant l'intervention de la loi, dans le but de sauvegarder ses intérêts pécuniaires. Cette protection s'est traduite en fait dans les dispositions de l'art. 499 sur la dation d'un conseil judiciaire et dans la loi du 30 juin 1838 sur les aliénés.

§ I. — *Du conseil judiciaire.*

L'art. 499 dispose : « En rejetant la demande en interdiction le tribunal pourra néanmoins, si les circonstances l'exigent, ordonner que le défendeur ne pourra désormais plaider, transiger, emprunter, recevoir un capital mobilier ni en donner décharge, aliéner, ni grever ses biens d'hypothèques sans l'assistance d'un conseil qui lui sera nommé par le même jugement. »

On ne saurait négliger ce détail que c'est au titre de l'interdiction que se trouve placée la dation de ce conseil, qui est de droit pour les cas que la doctrine appelle « faiblesse d'esprit ». Il est évident que le législateur a eu en vue l'influence qu'une maladie mentale peut avoir sur l'activité juridique d'une personne, et qu'il a voulu graduer les mesures à ordonner suivant l'intensité plus ou moins grande du mal. Ce but ressort amplement de la lecture des travaux préparatoires (1) et correspond parfaitement à

(1) Emmery, *Exposé des motifs* ; Fenet, t. X, p. 708 et s. ; Bertrand de Greuille, *Id.*, p. 720 et s.

des situations de fait que les différentes maladies mentales peuvent occasionner.

L'une de ces mesures est la dation du conseil judiciaire qu'on a qualifié, avec une admiration complaisante, d'*heureuse et sage disposition !*

Mais de ce que la dation d'un conseil judiciaire ait été prévue et dénommée au titre de l'interdiction, de cette place, il serait inexacte de déduire que les personnes, pourvues d'un conseil, sont frappées d'une incapacité s'étendant en dehors des actes prévus par l'art. 499 (1) ; en effet, il ne peut être question ici que d'une incapacité spéciale consistant, précisément, dans l'empêchement d'accomplir, sans l'assistance du conseil, un certain nombre d'actes limitativement énumérés dans le texte cité. Le droit commun, c'est-à-dire la capacité, reprend en entier son plein et actif effet sur tous ceux dont le texte ne fait pas mention.

L'art. 499 ne donne pas la cause précise pour laquelle on peut demander la nomination d'un conseil judiciaire, mais comme c'est d'une manière concomitante au rejet de la demande en interdiction que cette mesure peut être ordonnée, il ne peut exister aucun doute, la cause s'en trouvera à l'occasion dans l'état pathologique de l'individu, que cet

(1) Baudry-Lacantinerie, t. I, n° 1189, p. 735 et II, n° 831, p. 586.

état apparaisse comme la conséquence d'un arrêt du développement intellectuel, ou simplement comme la conséquence d'une maladie mentale dont la forme ne revêt pas les caractères aigus que réclamerait l'interdiction.

Cette même disposition doit faire fonction pour enrayer les dissipations des prodigues. Deux causes qui ont une origine différente attirent les mêmes mesures et les mêmes règles législatives ! C'est de la confusion qui a été faite d'assimiler les faibles d'esprit aux prodigues que provient, à notre sens, la source de dépréciation qu'a subie l'interdiction. En effet, entre cette dernière et la dation d'un conseil il n'existe pas une graduation suffisante. L'une entraîne des conséquences radicales, justifiées par l'état de gravité de la démence dont est frappé l'interdit; l'autre laisse une trop grande liberté au faible d'esprit qui, pouvant s'expliquer pour un prodigue, ne répond nullement aux effets que des maladies mentales diverses peuvent avoir sur l'activité juridique d'un individu. L'assimilation faite par le texte de l'individu mentalement atteint et du prodigue est, purement et simplement, le résultat dû manque de connaissance des influences pathologiques sur l'activité juridique d'un individu. Les auteurs du Code civil ont bien eu la perception d'une graduation des mesures à prendre contre les personnes atteintes d'une maladie mentale ; ils ont toutefois méconnu et négligé le caractère et le mode de la graduation nécessaire à établir. Si bien, qu'en fait, la dation d'un conseil judiciaire n'offrant pas les garanties suffisantes nécessaires à la protection de tous les intérêts personnels de l'individu on a dû, bien souvent, recourir à la protection de l'interdiction même pour les cas moins graves. En effet, en pratique, c'est de deux choses l'une : ou bien on ordonne l'interdiction pour des états qui, en réalité et en eux-mêmes, ne comportent pas cette mesure — en quel cas on peut se récrier contre l'inhumanité de la mesure — ou bien la dation d'un conseil judiciaire étant ordonnée, on laisse une complète capacité à l'individu qui en est frappé pour faire tous les actes autres, que ceux énumérés dans l'art.499 — en pareil cas la protection des lois n'est point efficace dans la plupart des cas.

La preuve de cette dernière affirmation est plutôt aisée à fournir.

En effet, le conseil judiciaire a pour mission d'assister la personne faible d'esprit dans les actes déterminés par l'art. 499 ; son rôle se borne ainsi à donner son concours pour ces actes seuls. En dehors d'eux l'individu pourvu d'un conseil judiciaire conserve le libre exercice de tous ses droits, partant, la faculté de faire tous les actes qui concernent l'administration de ses biens. On voit facilement les résultats que cette liberté peut donner, surtout quand il s'agit d'un faible d'esprit. Point n'est besoin de l'assistance du conseil pour consentir, par exemple, un bail dans les limites permises aux administrateurs. Or, si les effets de la faiblesse de son esprit sont à craindre, les influences étrangères qu'il va fatalement subir ne lui permettront pas de faire une administration bonne et raisonnable, partant, la protection de la loi à son égard n'est pas suffisante.

De même, sur le fondement ou plutôt sur les conséquences du principe établi dans l'art. 499, le faible d'esprit peut recevoir tous ses revenus, loyers, fermages, intérêts, etc., en donner quittance, les employer à son gré, et faire les placements qui lui conviennent sans l'assistance de son conseil. Signaler cette latitude laissée à une personne dont l'état mental est atteint de façon à lui enlever la normalité du jugement présumée en tout homme, n'est-ce pas suffisamment désigner la lacune de la loi ?

Le principe qui régit la condition des faibles d'esprit est donc de ne leur enlever la pleine et entière capacité qu'en égard à un certain nombre d'actes désignés limitativement dans l'art. 499. Pour cela le faible d'esprit est frappé d'une incapacité spéciale ; au surplus, l'assistance du conseil qui leur est imposée consiste, contrairement au rôle du tuteur des interdits, que dans le concours requis pour certains actes que le législateur a cru être particulièrement de nature à compromettre le plus les biens de la personne pourvue d'un conseil judiciaire. Cela implique d'ailleurs, on le sait, plus qu'une simple autorisation et, *a fortiori*, qu'une autorisation générale donnée, par avance, pour habiliter le prodigue ou le faible d'esprit. La jurisprudence fait, en particulier, application de cette théorie aux actes judiciaires, pour décider, notamment, que le conseil est partie nécessaire pour défendre à toutes les actions intentées par la personne placée sous son autorité, comme pour celles intentées contre elle (1). Mais, par ailleurs, c'est à tort que pour les actes extrajudiciaires elle se contente d'une autorisation ; en effet, malgré les précautions qu'elle veut prendre en exigeant une autorisation spéciale, cette interprétation va contre le texte de la loi et surtout contre son esprit, car c'est enlever un moyen de protection de beaucoup plus efficace que celui qui consiste dans une simple autorisation.

Aussi bien, de ce que le rôle du conseil ne consiste qu'à assister la personne à laquelle il a été nommé dans certains actes, il s'ensuit qu'il n'a aucune qualité pour représenter cette personne, et dès lors il ne peut, en son nom, ni passer un acte juridique, ni introduire une action en justice, ni même faire signi-

(1) V. M. Planiol, *loc. cit.*, p. 931, note 2, et la jurisprudence citée.

fier des actes destinés à interrompre les prescriptions de nature à courir contre elle (1). Mais la jurisprudence atténue cette déduction logique et juridique, et après avoir admis cette interprétation (2), elle autorise maintenant pleinement le conseil de demander la nullité des actes que le pourvu d'un conseil aurait passé contrairement à la loi (3). Dans le système organisé par la loi, il est donc aisé de déterminer une nouvelle lacune du Code : l'inefficacité des moyens protecteurs des personnes pourvues d'un conseil ; la jurisprudence, il est vrai, a heureusement comblé la lacune, mais elle ne l'a pu faire que par un accroc sensible de la loi.

La nomination d'un conseil judiciaire peut être faite soit d'office, à la suite du rejet d'une demande en interdiction, soit sur une demande principale formée dans ce but, par les mêmes personnes qui ont droit de demander l'interdiction. Dès le jour où elle est faite, elle entraîne, à l'encontre de l'individu ainsi pourvu, cette incapacité partielle, relative à tous les actes prévus par l'art. 499 qui seraient passés postérieurement à elle. L'effet donc de la dation d'un con-

(1) Aubry et Rau, t. I, § 139, p. 567, texte et note de M. Beudant, *loc. cit.*, t. II, n° 986, p. 615.

(2) Cass., 20 mai, 1806, Dalloz au mot Lois, n° 241.

(3) Cass., 29 juin 1881, S. 82, I, 125, v. aussi la note de M. Lyon-Caen sous *Cass.*, 15 février 1898, S. 98, I, 305 ; M. Planiol, *l. c.*, n° 2985, p. 938.

seil judiciaire ne se rapporte qu'à ces actes, et nous savons que tous les actes d'administration peuvent être faits par le faible d'esprit. Il s'en suit sans aucune discussion, et ce, quelque sorte *a fortiori*, qu'en dehors de ces actes, un grand nombre et des plus importants, par lesquels s'exerce l'activité humaine, peuvent être valablement faits sans l'assistance du conseil. Tels sont tous les actes personnels. Ainsi, le faible d'esprit peut se marier. Seulement il faut bien observer, la question du mariage est complexe ; il n'y a aucun doute que le pourvu d'un conseil judiciaire est habile à se marier sans l'assistance du conseil ; s'en suit-il de là qu'il soit tout aussi habile à régler, sans l'assistance de son conseil, toutes les conventions civiles dont le mariage est le prétexte ? Peut-on, pour cause de mariage et par faveur de cette institution, mettre absolument de côté le principe qui défend aux personnes placées sous conseil d'aliéner leurs immeubles ? La Cour de cassation était, à une certaine période, portée à trancher cette question, moins heureusement que beaucoup d'autres intéressant les mêmes individus : ainsi tandis qu'elle donnait à leurs conseils le droit d'intenter les actions en nullité à leur lieu et place, elle admettait, le 24 décembre 1856 et le 5 juin 1889 (1), la faculté pour les individus pourvus d'un conseil judiciaire de

(1) S. 1857, I, 245 et S. 1889, I, 413.

faire librement, seuls, les conventions matrimoniales. Elle décidait en ce sens pour cette raison que l'individu habile à contracter mariage le doit être également pour faire un contrat pécuniaire de mariage, partant, toutes les conventions dont ce contrat est susceptible, alors même qu'elles excéderaient les limites dans lesquelles sa capacité est restreinte de droit commun : *habilis ad nuptias, habilis ad pacta nuptialia.* Cette interprétation large de la Cour de cassation était dangereuse, car elle n'arrivait à rien moins qu'à suspendre la protection que l'art. 513 veut accorder à ceux qu'elle met sous conseil. Cependant, un arrêt des Chambres réunies de la Cour suprême, du 21 juin 1892 (1), a condamné cette jurisprudence et la question est heureusement tranchée dans le véritable esprit de la loi et dans le sens réclamé presque unanimement par la doctrine, ainsi que le remarque M. Buffnoir dans la note qui suit l'arrêt précité.

Le faible d'esprit conservant toute sa capacité pour tous les actes qui concernent sa personne, il s'en suit qu'il a capacité, malgré la tendance de la jurisprudence d'étendre le plus possible les prohibitions limitatives du texte, d'établir son domicile, de reconnaître un enfant naturel et même de supporter les charges d'une pension alimentaire qui en décou-

(1) S. 1894, I, 449.

lent (1). Il a notamment le droit de faire son testament. Ce droit toutefois sera soumis aux règles de l'art. 901, il dépendra de sa capacité au moment où le testament est fait; le droit commun permettant l'examen d'une capacité de fait, cet examen aura lieu conformément aux règles établies par l'art. 901.

L'énumération qui précède de tous les droits dont un faible d'esprit peut faire usage, conformément aux principes dominants de la matière, laisse planer un certain doute quant à l'efficacité de la protection recherchée par la loi. En effet, c'est un malade mental qu'il s'agit de protéger, dès lors le malade ne peut, semble-t-il, avoir une volonté réfléchie et saine lui laissant la force de résister soit à des perceptions initiales ordinairement faussées, même dans les cas où sa maladie est d'une intensité très peu forte, soit encore à toutes les influences immédiates exercées sur lui par son entourage. La capacité laissée par la loi à cette catégorie de personnes ne sera et n'est pas suffisante; en tous cas elle donnera toujours, ou presque toujours, lieu à des abus regrettables et à de grandes injustices. L'effet immédiat de la protection est donc restreint. Les causes qui peuvent y donner lieu, à l'inverse, ne paraissent point avoir ce caractère. En effet, la place de l'art. 499 au chapitre de l'interdiction et la façon dont le texte est rédigé

(1) M. Planiol, *loc. cit.*, n° 2978, p. 936.

indiquent amplement que la loi vise par lui tous les cas pathologiques d'un degré moins prononcé que ceux qui motivent l'interdiction ; l'imbécillité est un de ces cas. Mais comme le texte par la généralité même des termes dont il se sert, laisse à l'interprète une grande liberté, la jurisprudence s'est appuyée sur lui dans des décisions fréquentes pour nommer un conseil judiciaire aux personnes frappées de surdité, de cécité, à toutes celles enfin qu'une maladie physique ou un grand âge affaiblit les facultés intellectuelles ; c'est là, à notre sens, une juste et heureuse interprétation de texte. Il nous semble même que les cas visés sont précisément les seuls qui devraient entraîner cette mesure telle qu'elle est rédigée par le Code. Il est certain, en effet, qu'un sourd, par exemple, que l'arrêt du développement intellectuel rapprocherait de l'idiot, doit être interdit, mais celui-là même dont l'intelligence est cultivée et l'entendement parfait aurait, de par son infirmité même, besoin d'un conseil, qui serait pour lui, selon le vœu de la loi, un guide chargé de surveiller ses intérêts et non pas un tuteur tenu de gérer ses affaires. Le même raisonnement peut se faire également avec succès pour tous les autres cas pathologiques qui n'altèrent pas d'une façon absolue ou grave la raison d'une personne.

Le conseil judiciaire devrait constituer un troisième degré dans l'échelle des mesures que la loi prend pour protéger les intérêts personnels des individus frappés par des maladies mentales ou des infirmités corporelles. Pour ces derniers cas néanmoins, on devrait de beaucoup simplifier la procédure ; elle est si compliquée aujourd'hui que sa complication fait que le plus souvent on hésite d'y avoir recours. Par contre, une plus grande capacité devrait être accordée en certains cas à l'individu protégé. Nous verrions sans peine, certes, octroyer aux individus pourvus d'un conseil judiciaire l'autorisation de faire le commerce et, par suite, la faculté de s'engager pour les actes que comporte cette profession, ce qui, avec l'assistance spéciale requise par la législation actuelle, ne peut nullement se concevoir. Toute cette partie du Code ressent le besoin d'une retouche législative. Au sujet du dernier point dont nous venons de parler, le nouveau Code allemand donne l'exemple d'une bonne application du système des graduations des mesures que comporte la protection des personnes atteintes d'une infirmité corporelle ou mentale, avec l'introduction de la curatelle de ces infirmes (art. 1910). Grâce à cette mesure qui peut être requise sur la demande même du malade, la capacité ne lui est pas complètement enlevée et ils trouvent dans le curateur un appui et un conseiller qui ne peut que lui être utile.

§ II. — *Loi du 30 juin 1838 sur les aliénés.*

La loi du 30 juin 1838 a été rendue dans un double but : d'un côté garantir la tranquillité sociale et la liberté individuelle ; de l'autre pourvoir aux intérêts privés de l'aliéné, aux soins de sa personne et à l'administration de ses biens.

Cette loi renferme tout à la fois des dispositions de droit administratif, sur lesquelles il ne nous appartient pas de nous arrêter, et des dispositions de droit civil ayant en vue de pourvoir aux intérêts privés de l'aliéné, aux soins de sa personne et de ses biens. — Remarquons tout d'abord qu'elle ne concerne que les individus non interdits dans l'intention desquels elle est faite pour faciliter leur internement, sans plus recourir à l'interdiction, ainsi que l'exigeait le Code (1). Dès lors, jusqu'au moment où cette loi, qui à son heure fut un progrès parce qu'elle comblait une lacune des lois existantes, muettes sur la possibilité, et les effets d'un internement des aliénés, sera changée, elle crée actuellement une situation toute particulière aux personnes atteintes d'une maladie mentale, en ne leur enlevant pas en principe la capa-

(1) M. Planiol, *loc. cit.*, n° 2905, p. 919.

cité, mais en donnant, par contre, au fait de l'internement certains effets qui se rapprochent de ceux créés par l'interdiction.

Nous nous placerons à ce dernier point de vue pour examiner, d'une part, l'influence de la loi sur la capacité de l'aliéné et, d'autre part, le sort des actes passés par lui.

En premier lieu, l'internement d'un aliéné n'entraîne pas sa mise en tutelle. La loi organise pour lui une protection spéciale qui consiste dans la nomination d'un administrateur dont les attributions sont limitées par l'art. 31 de la loi, et d'un mandataire *ad litem*, des attributions duquel il ressort clairement que l'interné est incapable d'ester en justice soit en demandant soit en défendant (art. 33). — En dehors de ses droits civiques qui sont suspendus de plein droit, de par le placement même dans un établissement d'aliénés (1), l'exercice des droits privés lui est virtuellement retiré. Ainsi il ne peut être tuteur, ou membre d'un conseil de famille ; de même exercer sur la personne de ses enfants ou de sa femme les droits de la puissance paternelle ou maritale. Et cependant, malgré les déchéances inhérentes à l'internement on ne peut pas dire que l'interné soit frappé d'une incapacité de droit assimilable à celle qui pèse sur l'interdit.

(1) Il ne peut être électeur, art. 18 du décret du 2 février 1852 ; il ne peut être juré, art. 2-12 loi du 21 novembre 1872.

En effet, tandis que la sanction des actes passés par l'interdit est prévue par l'art. 502, et consiste dans une nullité de droit, l'art. 39, al. 1, de la loi de 1838 rend les actes de l'interné susceptibles seulement d'être annulés comme ayant été faits en état de démence. — Dans les cas d'interdiction on se trouve en face d'une présomption légale contre laquelle n'est admise nulle preuve contraire, dans les cas d'internement il faut faire application des règles générales d'après lesquelles les actes faits par un aliéné non interdit sont valables, sauf la preuve de démence (1). Nous croyons toutefois qu'il existe une présomption qui, sans être légale, résulte du fait même de l'internement, contre laquelle une preuve contraire pourra être faite et dont la solution est absolument laissée au jugement des magistrats. — Dès lors, il s'en suit que la capacité de l'interné n'est point enlevée; il pourra, en principe, faire n'importe quel acte, mais il reste au tiers de prendre ses mesures, car la présence dans un asile, de la partie avec laquelle il veut contracter, l'avertit suffisamment des risques qu'il a à courir.

Enfin c'est sur la sanction, sa nature et ses conditions d'exercice que se rencontrent les particularités ou les difficultés. La loi de 1838 renvoie, pour déterminer la durée de l'action en nullité, que l'on pourrait intenter, à l'art. 1304 du C. c.

(1) M. Planiol, *loc. cit.*, p. 920, n° 2907.

Les principes généraux du Code civil nous ont amené à établir, au cours de cette thèse, que l'action ouverte contre des actes inexistants pour défaut de consentement n'est point prescriptible ; l'art. 39 de la loi de 1838 s'écarte de ce principe en décidant que l'action ne peut éventuellement être exercée que conformément à l'art. 1304, à savoir pendant un délai de 10 ans, sauf cette dérogation très sage à la règle, qui consiste à faire courir les dix années de la signification de l'acte qui doit être faite à l'aliéné après sa sortie de l'établissement, ou à ses héritiers après son décès, ou du moins dans les deux cas, à dater de la connaissance que l'aliéné ou ses héritiers ont pu avoir du dit acte.

Il résulte de ce texte, par le renvoi fait, que malgré la différence qui existe entre les actes d'un interdit et ceux d'un interné au point de vue du caractère de la nullité et de la durée de l'action ouverte contre les uns et les autres, la sanction consiste toujours en une nullité relative, d'où il suit que l'action ne peut être proposée que par la personne retenue dans un établissement ou par ses successeurs, qu'elle est susceptible de confirmation ou ratification, et qu'enfin elle ne peut être exercée que pendant dix ans.

Nous croyons cependant que la première des conséquences de la nullité relative pourrait être facilement et juridiquement écartée. — Sur le fondement de la théorie de l'inexistence des actes nous avons déjà admis la possibilité, pour les tiers, de prouver le défaut absolu de consentement, même dans le cas où l'acte émane d'un interdit, et où, par suite, il semble que seule serait recevable une action en nullité relative. Aussi bien, dans l'espèce il nous semble que l'action du tiers peut encore plus facilement être admise. En effet, la loi de 1838 n'établit aucune présomption légale analogue à celle qui est contenue dans l'art. 502. Il a été bien entendu, lors de la discussion de la loi (1), que l'on restait dans le droit commun, en vertu duquel les actes faits par un aliéné non interdit seront valables, sauf la preuve que lui-même ou ses ayants cause rapporteraient de la démence. Le demandeur en nullité sera donc obligé de prouver l'existence de la démence, encore une fois la loi ne déroge pas au droit commun, et le fait même de l'internement n'est pas une preuve de démence et ne constitue pas une présomption légale. — Certes, les précautions prises par la loi pour qu'une personne saine d'esprit ne soit pas placée dans un établissement d'aliénés, sont nombreuses, et dès lors le fait de l'internement emporte une présomption de l'état de démence de celui qui en est admis, mais ce n'est qu'une présomption de fait, contre laquelle une preuve contraire pourra être admise. Le tiers donc

(1) *Moniteur* du 14 février 1838, p. 304; Aubry et Rau, I, p. 436; M. Planiol, 919; Huc, *l. c.*, III, p. 521; Demolombe, VIII, n° 853.

peut, à l'encontre de l'auteur de l'acte, demandeur en nullité, prouver la sanité d'esprit de son cocontractant et partant, demander la reconnaissance de la force obligatoire de l'acte incriminé. Nous sommes donc en dehors des cas de l'interdiction, c'est-à-dire que nous rentrons dans le droit commun. *A fortiori* dès lors peut-il, le cas échéant, prouver l'inexistence de l'acte ; dans cette hypothèse c'est à lui que sert la présomption de fait qui résulte de l'internement. Mais sa situation en fait ne sera pas en définitive meilleure ; nous croyons que de son fait pour avoir traité avec un interné, il aura à subir une condamnation à des dommages et intérêts qui, dans l'espèce, ne pourrait guère manquer d'intervenir, sa faute d'avoir contracté avec un interné étant manifeste.

Quoiqu'il en soit, un des grands services qu'ait rendu la loi de 1838, c'est d'avoir permis d'attaquer les actes passés par un interné, même après sa mort. L'art. 39 de la loi, en effet, déroge à l'art. 504 du Code. Le législateur a pensé que le fait de l'internement dispensait des ménagements que les auteurs du Code avaient voulu garder envers la personne de l'individu décédé, dont aucune mesure prise de son vivant ne prouvait pas qu'il n'avait été sain d'esprit.

La critique de cette loi qui présente de nombreuses lacunes a été depuis longtemps faite, l'utilité d'une réforme s'en est ressenti à peu près dès son début. A l'heure actuelle, la Chambre des députés possède dans ses cartons une proposition de réforme qui a fait l'objet de deux rapports déposés le 19 février 1894 et le 27 novembre 1896 (1). Le retard apporté aux réformes depuis si longtemps demandées devrait servir pour qu'une étude générale sur les conditions de la capacité civile des aliénés soit faite.

Aperçu sommaire sur l'irresponsabilité des incapables.

Encore que la responsabilité civile ne doive pas, à raison de la délimitation de notre thèse, être traitée ici, il nous semble utile de montrer, au moins dans ses grands traits, la relation qui existe entre cette matière et celle dont nous avons fait l'objet plus spécial de nos recherches.

Ainsi, nous avons vu que le Code ne s'occupe pas de la capacité de fait, parce qu'il la considère comme un résultat de l'impossibilité dans laquelle se trouve l'agent de manifester valablement un consentement; il n'établit donc aucune règle à son égard, et laisse ainsi au juge et à l'interprète un vaste champ d'appréciation, dont la systématisation sera le résultat

(1) Le premier rapport est dû à M. Lafont, le second à M. Dubief, ils ont trait à la proposition de M. Reinach qui a déposé une proposition en 1890, et à une proposition de M. Berry concernant le placement des idiots et déments séniles dans les familles. V. pour les projets de réforme M. Planiol, *l. c.*, p. 910.

de la pratique, des observations et des progrès scientifiques.

De même en ce qui concerne la capacité requise et les conditions nécessaires pour qu'il y ait lieu à responsabilité civile de l'agent, le Code ne contient aucune disposition. L'irresponsabilité pénale d'un aliéné ne souffre aucune discussion, il existe en cette matière un texte précis (art. 64) qui déclare nulle la responsabilité du dément, en se fondant sur l'idée que celui à qui l'usage de la raison est enlevé, ne peut plus être tenu comme l'auteur conscient et responsable de ses actions.

Au point de vue civil, la question semble douteuse, car en cette matière, contrairement à ce qui se passe en matière pénale, l'un des éléments qui constituent le délit, à savoir l'intention, avec les degrés qu'elle comporte, n'est pas exigée. Les art. 1382 et 1383 disent que tout fait quelconque qui cause à autrui un dommage doit être réparé. — On pourrait donc soutenir, et on l'a soutenu, que si l'acte d'un dément ne constitue pas un délit civil, puisque l'intention fait défaut, il constituera toutefois un quasi délit qui donnera lieu à réparation tout comme un délit. — Cette opinion, qui fut celle de Merlin (1), a été à un moment consacrée par la jurisprudence, notamment par

(1) Répertoire v° *Démence*, §2, n° 4 et *Blessé*, §3, n° 4 ; Carnot, *Com. C. Pén.*, t. I, sur l'art. 64, n° 3.

un arrêt de la Cour de Montpellier (1) du 31 mai 1866, qui est le seul d'ailleurs à proclamer le principe que : au point de vue de la responsabilité civile, la loi ne tient compte ni de la volonté, ni de l'intention du dément et dès lors qu'il est toujours tenu de réparer le dommage qu'il cause soit personnellement soit par la négligence de ceux qui avaient la charge de sa personne.

Récemment encore, en établissant une distinction entre la volonté et l'intention, on a soutenu (2) que si le défaut d'intention peut entraîner une irresponsabilité pénale, la volonté suffit à motiver la condamnation civile. Et la volonté, dans cette opinion, ne doit pas être confondue avec l'intention, si bien qu'au cas où cette dernière fait défaut chez le dément, la volonté existe cependant; en effet, elle se manifeste par la perpétration même, matérielle, de l'acte dommageable. Or, ce fait en dehors de toute intention mauvaise doit entraîner une condamnation civile, de même que le fait involontaire commis par imprudence ou négligence donne lieu à des réparations.

Cette théorie nous semble erronée, et nous ne pouvons que nous associer à la grande majorité des

(1) D. 1867, II, 2, où l'on trouve le considérant suivant : « Attendu que, dans l'application des principes de la responsabilité civile, la loi ne tient compte ni de la volonté ni de l'intention... »

(2) Ch. Muteau, *De la responsabilité civile*, p. 130 et s.

auteurs (1) et de la jurisprudence (2) qui se sont prononcés pour l'irresponsabilité du dément. M. Labbé dans une dissertation sur la démence, considérée au point de vue de la responsabilité et de l'imputabilité en matière civile (*Revue Critique*, 1870, t. XXXVII, p. 109) établit que l'acte accompli en état de folie est un cas fortuit ou un événement de force majeure. C'est cette idée qu'il prend comme point de départ pour la développer et s'en inspirer dans son étude sur la responsabilité en cas de démence.

Le sens de l'art. 1382 établit qu'un fait, aussi dommageable et injuste qu'il soit, ne donne naissance à une action en réparation que dans le cas de faute; l'existence de la faute étant requise comme l'un des éléments nécessaires pour l'existence d'un délit civil. — Mais voici que dans la détermination des éléments constitutifs d'un délit, une grave discussion se présente à l'heure actuelle. Aucune objection n'est faite par les théoriciens quant à la nécessité d'un fait dommageable; la difficulté, au contraire, existe dès lors qu'il s'agit de s'entendre sur l'idée de faute. Une théorie classique désigne la faute d'après un

(1) Pothier, *Oblig.*, n° 118. Delvincourt, III, note 7, p. 297. Proudhon, *Usufruit*, t. III, n° 1525-1526. Sourdat, *De la responsabilité civile*, t. I, n° 16. Aubry et Rau, t. III, p. 15. Demolombe, *Contrats*, III, n° 487. M. Beudant, n° 951, p. 571.

(2) Agen, 9 nov. 1864, S. 65, II, 230 et Cass., 14 mai 1866, S. 66, I, 237.

critérium subjectif. Une théorie objective de la faute y est opposée dans laquelle on se contente : « d'un « dommage se rattachant par un lien quelconque à « un fait extérieur qui, dans sa matérialité, est un fait « fautif, c'est-à-dire un fait qui, au point de vue des « usages reçus, implique acceptation des risques et in- « dépendamment de toute autre faute personnelle « relative à l'accident survenu, sans qu'il y ait à re- « chercher s'il pouvait être ou non prévu et s'il « était humainement possible ou non de l'empê- « cher (1) ».

Quelque parti que l'on prenne dans cette discussion l'idée d'irresponsabilité du dément s'impose. Il y a toujours une question préalable à examiner, celle de l'état mental de la personne, source de la causalité personnelle du fait accompli.

La faute consiste dans un rapport subjectif entre l'état de l'auteur de l'acte et la nature du fait accompli ; c'est de ce rapport et de sa gravité que dépend la responsabilité juridique. Pour qu'il y ait faute, on doit reconnaître une conscience à l'auteur de l'acte, prouver qu'il a eu et pu faire un sain usage de la raison et de la volonté ; c'est cette circonstance que l'on ne trouvera pas chez le dément

(1) M. Saleilles, *Les accidents de travail et la responsabilité civile*, p. 11 et *Essai d'une Théorie Générale de l'Obligation d'après le Projet du Code civil Allemand*, n° 310, p. 348.

pas plus qu'on ne la rencontre chez un enfant en bas âge ; l'un et l'autre agissant sans discernement.

Celui donc qui n'a pas la conscience exacte de la portée de ses actions, n'a pas non plus le libre usage de la volonté ; or, sans liberté il ne peut y avoir de responsabilité. Le fait d'un dément dès lors, aussi dommageable qu'il soit, ne peut mettre à sa charge une responsabilité quelconque, et donner droit à celui qui a souffert un dommage de réclamer une réparation. — Dans cette hypothèse, le dommage n'est pas la conséquence d'une volonté saine et normale, mais celle d'un cas fortuit ou d'un événement de force majeure, et c'est le lieu de dire : *res perit domino*. Et alors, dans tous les cas, même quand la faute n'est point exigée comme élément constitutif du délit civil, le cas fortuit et la force majeure sont la négation du rapport de causalité, ce sont des faits qui suppriment l'initiative pour faire de l'auteur un instrument passif, et comme l'agent de transmission d'une force initiale qu'il a subie sans la produire (1). Or, nulle part plus que dans l'état de folie l'action humaine ne peut être considérée comme dépourvue de toute base raisonnable, comme étant davantage la conséquence d'une force subie et non acceptée déli-

(1) M. Saleilles, *Les accidents de travail et la responsabilité civile*, p. 59.

bérément. Tout comme en droit pénal la question de responsabilité se confond donc avec celle de culpabilité et se juge comme elle (1). Certainement la loi a atténué la portée radicale de ce principe, en faisant peser une responsabilité indirecte et substituée sur certaines personnes spécialement déterminées. Cela résulte des dispositions de l'art. 1384. Mais cette responsabilité restreinte des tiers étrangers au délit n'implique aucun rapport de causalité entre l'acte accompli par un dément, et le dommage dont la victime pourrait être tentée de lui demander réparation.

Il résulte donc que la faute prise dans une acceptation subjective, c'est-à-dire réclamant le discernement de l'agent, ou dans un sens objectif, c'est-à-dire impliquant un fait volontaire qui cause un préjudice, ne peut engendrer une responsabilité quand elle est le fait d'une personne privée de raison, ou qui n'a pas la pleine conscience de ses actes.

Le principe d'irresponsabilité une fois établi, un rapprochement avec l'incapacité de fait s'impose.

La démence et l'incapacité de fait ne font l'objet d'aucune détermination spéciale de la loi, elles découlent des principes généraux exigeant, pour la validité des actes, que ces actes soient la conséquence d'une volonté saine et normale, se traduisant par un

(1) M. Beudant, *loc. cit.*, p. 571.

consentement ; de même une intelligence et une volition sont requises de la part de tout individu pour que celui-ci puisse éventuellement être tenu comme l'auteur responsable d'une faute envisagée sous un aspect subjectif ou simplement objectif. — Dès lors, de même que pour l'incapacité naturelle on doit procéder à une analyse concrète de chaque fait de cet individu, pour arriver à connaître si le fait qui motive cette recherche est, ou non, le résultat d'un raisonnement normal et d'une volonté réfléchie appliquée à l'acte incriminé ; on doit suivre le même mode d'investigation pour apprécier l'intelligence et la volonté de l'agent auteur de l'acte préjudiciable. — En fin de compte, la responsabilité de l'agent dépend de la liberté avec laquelle il a agi au moment même de l'accomplissement de l'acte dommageable. L'appréciation de cette liberté doit être faite d'ailleurs d'une façon plus rigoureuse que dans le droit pénal.

Au point de vue du droit pénal, la responsabilité entraînant une pénalité veut être appréciée après un examen général de l'individu et de sa moralité ordinaire. Au point de vue civil, l'équité exige que la liberté soit appréciée en fait par rapport à chaque acte déterminé, pour qu'en dehors de toute punition, la victime puisse obtenir une réparation suffisante pour le dommage souffert.

Nous sortirions du cadre de cette étude si nous voulions établir en détail les conditions requises pour l'existence de la responsabilité civile, ce que nous voulons toutefois signaler, c'est notre conviction dans la différence qui doit exister entre les deux responsabilités : civile et pénale ; l'une se rapportant à une question de pénalité, l'autre à une question de dédommagement. — Nous en voyons une preuve concluante dans le fait que le législateur qui établit des incapacités de droit, créant ainsi une présomption légale d'incapacité pour tous les actes juridiques, se garde bien d'étendre cette même présomption à la responsabilité pénale et civile.

Il est certain qu'il existe une étroite connexité entre les causes provoquant l'interdiction et celles donnant lieu à l'irresponsabilité. Les cas pathologiques qui auront provoqué l'une pourront justifier la seconde, et néanmoins l'interdit reste pénalement et civilement responsable toutes les fois que l'acte lui peut être imputable. Il s'en suit que, même dans les cas où une présomption légale existe, l'examen de la liberté d'action se fait par rapport à l'acte incriminé et consiste dans l'analyse de l'état de l'agent au moment où l'acte, causant un dommage, a été accompli.

Quoiqu'il en soit, en matière civile la constatation d'une intelligence suffisante pour qu'un individu se rende compte, à un moment donné, de la notion du bien et du mal et surtout de la nocuité de l'acte qu'il accomplit, doit suffire pour justifier les réparations dues à raison du fait accompli. — La recherche à laquelle on doit se livrer, consiste donc à établir si, oui ou non, l'auteur du préjudice a compris quelles pouvaient être les conséquences de son acte et s'il a voulu, effectivement, l'acte ainsi déterminé dans sa portée.

Dans les actes de la vie civile, on recherche si l'intelligence de l'auteur a pu comprendre leur portée juridique et économique, et si sa volonté est telle que l'on puisse la considérer comme librement manifestée. La réunion de ces éléments : intelligence et volonté, résultant d'un état de sanité d'esprit, implique capacité civile de l'agent. — L'existence de ces mêmes éléments, mais alors recherchés pour voir s'ils sont aptes d'apprécier la nocuité d'un fait et de résister à la force du mal, impliquera la capacité requise pour faire une personne valablement responsable.

En droit pénal, ce qu'il y a à examiner, c'est un délinquant, dès lors c'est sa nature, les particularités de son être qu'il faut analyser pour déterminer, soit la peine qu'il aura à encourir, soit la mesure préventive dont il peut être l'objet. En droit civil, malgré la difficulté que présente la question, il faut, dans un examen beaucoup plus spécial, déterminer la capacité de l'agent au moment précis où il accomplirait l'acte dommageable, afin de l'en déclarer civilement tenu, s'il est établi qu'il a pu se rendre un compte exact des conséquences et de la portée de l'acte accompli.

Ce rapprochement que nous avons fait entre l'incapacité de fait et l'irresponsabilité civile, nous conduit à admettre une identité entre les causes déterminantes de l'une et celles de l'autre. Cependant aucun texte n'énumère ces causes, aussi bien c'est une œuvre de doctrine et de jurisprudence. La question revient dès lors à se demander, comme on le fait en droit pénal, s'il vaut mieux faire résulter l'irresponsabilité d'un état de maladie nettement caractérisé, ou bien s'il faut la faire dépendre du défaut de liberté, recherché dans une maladie mentale ayant un caractère pathologique (1) ? Nous ne pouvons entrer dans la discussion qu'entraînerait cette question délicate ; constatons seulement qu'en matière pénale, le Code français admet le système du critérium pathologique, et, partant, n'admet aucune cause d'irresponsabilité pénale, en dehors des cas de démence proprement dits. — Ce sont les mêmes normes qui doivent nous guider pour trouver le critérium de la responsabilité civile. — Il est certain que l'insuffisance du système qui réduit la cause d'irresponsabilité à la démence seule, est telle, qu'il faut admettre en matière civile l'extension que le droit pénal donne au principe. L'inconscience ayant une origine pathologique sus-

(1) M. Saleilles, *L'Individualisation de la peine*, p. 73 et s.

ceptible de constatation médicale est tenue comme cause nouvelle d'irresponsabilité par la doctrine et par la jurisprudence. Ce même principe doit être gardé en matière civile où l'on n'est tenu par aucun texte pour obtenir le même résultat avantageux auquel aboutit le Code pénal, et pour écarter les conséquences résultant du système qui recherche l'irresponsabilité dans le défaut de liberté.

Entre l'incapacité naturelle et l'irresponsabilité civile il y a, dès lors, une étroite connexité qui doit produire les mêmes effets de droit et implique, pour son fonctionnement, les mêmes conditions.

Tels sont, à notre sens, les principes qui se dégagent de la législation française.

Le Code civil allemand, qui a eu soin de réglementer la capacité civile, n'a pas manqué de fixer les principes établissant l'irresponsabilité civile. Il l'a fait en établissant une complète assimilation entre la responsabilité pénale et la responsabilité civile ; en effet, les causes donnant lieu à l'irresponsabilité sont plus étendues que celles entraînant l'incapacité. Pour ces dernières, sauf le cas prévu par l'art. 105, un trouble maladif *durable* est exigé, pour déterminer l'irresponsabilité, les troubles passagers sont suffisants et l'on a introduit, en plus, comme cause produisant le même effet, l'inconscience.

En suivant donc les règles du Code pénal allemand, qui recherche l'irresponsabilité dans un état de non liberté provoqué par une maladie mentale ayant un caractère pathologique, on aura, pour constater l'irresponsabilité civile, un double examen à faire : le premier, celui du médecin qui se prononcera sur la maladie ; le deuxième, celui du juge qui fixera l'effet que peut produire la maladie, en statuant sur la question de responsabilité (1).

Cette influence du Code pénal allemand sur les dispositions prévues par l'art. 827 du Code civil, présente, d'une part, l'inconvénient de remettre la question de la responsabilité à l'appréciation du juge qui aura à se poser le problème de l'existence ou de l'inexistence du libre arbitre chez l'individu, et, dès lors, son appréciation pourra embrasser toutes les variétés que présente cette question de métaphysique ; d'autre part, l'application exacte des causes donnant lieu à l'irresponsabilité, conformément aux règles du droit pénal, provoque déjà des difficultés dans la doctrine. En effet, l'art. 827 prévoyant l'inconscience comme cause entraînant l'irresponsabilité, la question se pose, à cet égard, de savoir s'il y a lieu d'en faire application de cette règle, suivant les principes qui dominent en matière pénale où l'on se contente d'un trouble grave de la conscience (2) ; ou bien dans un système beaucoup plus radical, s'il

(1) M. Saleilles, *l. c.*, p. 75.

(2) Liszt, *Die Delikstobligationen im System des Burgerlichen Gesetzbuchs*, § 4, p. 48.

y a lieu de se départir de cette assimilation et d'exiger, en conséquence, une complète suppression de la conscience, destructive de toute libre détermination de volonté chez l'individu (1)? Sans prendre parti dans cette discussion à peine née dans la doctrine allemande, nous inclinons à croire la première opinion plus conforme aux principes qui régissent la matière; mais alors, on voit facilement à quoi peuvent être réduits les intérêts matériels de la victime du dommage.

Quoiqu'il en soit, une évolution s'est donc faite depuis l'époque reculée où la vengeance assurait une réparation à l'individu lésé, sans que l'on examinât, par rapport à l'auteur de l'acte, l'idée de faute (2). Mais voici que, rapprochement curieux, dans les législations les plus récentes l'idée de sécurité générale fondée sur l'équité, a fait admettre la possibilité d'allouer des dommages et intérêts, même en cas d'irresponsabilité de l'auteur. C'est dans ce sens que sont rédigés les art. 58 du Code fédéral suisse des obligations et 829 du Code civil allemand. Il est incontestable que cette mesure, qui se fonde sur un sentiment naturel du droit, est conforme à l'équité, il convient néanmoins de se demander, aujourd'hui encore, comme le faisait M. Saleilles dans

(1) Endemann, *l. c.*, § 36, p. 170.
(2) Jhering. *De la faute en droit privé*, p. 11.

son ouvrage sur la Théorie Générale de l'Obligation, d'après le projet de Code civil allemand (1) qui n'avait pas admis ce principe : « Lequel vaut le « mieux de tenir le malheur qui les frappe (les vic- « times) pour un accident fortuit, comme le serait le « feu du ciel, ou de donner au juge un pouvoir d'ap- « préciation aussi étendu et susceptible de tant d'ar- « bitraire ? »

(1) P. 360.

EXAMEN CRITIQUE

Au cours de ce travail nous avons essayé, d'une part, d'exposer les influences qu'exercent les atteintes subies par l'intelligence humaine sur la capacité générale des individus, et d'autre part, de déterminer les effets produits par ces mêmes atteintes maladives sur les manifestations juridiques de ces personnes, suivant les règles établies par le Code civil.

Les lois se rapportant à la capacité procèdent, d'une manière plus ou moins consciente et avouée, d'idées scientifiques et économiques et ont pour but d'enlever, comme mesure de protection, l'exercice des droits civils à toute personne dont la volonté ne pourrait pas être, pour une cause physique ou morale, librement manifestée.

Toutes les législations ont eu soin, à ce sujet, d'établir des règles fixes, protectrices des incapables dans la vie juridique. Ces règles, ce sont précisément les dispositions codifiées relatives aux déments, mineurs, prodigues, femme mariée. Mais, c'est très remarquable que le but réalisé par elles est double : à l'intérêt personnel de l'individu et à l'intérêt collectif du groupe auquel cet individu appartient, les législateurs font état d'un autre intérêt, tout aussi puissant, celui des tiers, celui de la sûreté que l'on doit donner à tous ses rapports juridiques.

Or, il est manifeste, sur ce dernier point, que de nos jours, avec l'activité fiévreuse qui règne dans toutes nos actions, avec tous les besoins matériels et moraux qui constituent la vie sociale, une grande sécurité, plus grande que jamais, doit être donnée aux rapports juridiques. Des facilités pour permettre la création de ces rapports, des garanties contre les risques qui en résultent doivent, en effet, se rencontrer dans toute bonne législation soucieuse de répondre à son but.

Dans les lois romaines se trouve, à la vérité, l'incapacité du mineur, de la femme mariée et du prodigue, celle du dément par contre n'est point, à proprement parler, réglée. Les fous étaient, en principe, considérés comme capables, devenant des incapables de droit, alors seulement que leur incapacité de fait est prouvée. La question était ainsi ramenée à une analyse subjective de l'agent permettant de constater dans chaque cas particulier, faisant l'objet d'un litige, l'absence d'intelligence et partant, de volonté entraînant la nullité de l'acte passé dans ces conditions.

On voit facilement les dangers que ce système présente. Pas de protection suffisante pour le fou, car la preuve qu'il a à fournir est le plus souvent difficile ; pas de sûreté pour le tiers qui peut, de bonne foi, contracter avec un incapable et voir ultérieurement l'acte passé déclaré nul.

Cependant l'intérêt porté, d'une manière croissante, à tous ceux dont l'état mental est plus ou moins frappé, fit qu'on imagina des incapacités de droit, qui, en écartant la question de fait, créèrent une présomption légale, fondée d'ailleurs sur une constatation publique, préalablement faite : le jugement d'interdiction. Tel fut, notamment, le système adopté par le Code civil.

Reste à savoir si la législation française a suffisamment déterminé les mesures nécessaires à la protection immédiate des individus et à la garantie parallèle et concomitante des tiers.

Le Code, nous l'avons fait observer, n'a pas de texte précis définissant la capacité naturelle, pas plus que les qualités d'un consentement entier. L'incapacité et par suite le défaut de consentement sont virtuellement considérés comme faisant défaut chez toute personne dont l'état mental est de nature à le rendre impuissant à valablement manifester une volonté constitutive de droits, et créatrice d'effets juridiques.

De ce chef, le système subjectif du droit romain

existe toujours. C'est le système de l'incapacité de fait, génératrice de conséquences seulement dans des cas particuliers, faisant dépendre la validité des actes de l'état mental dûment constaté au moment même de leur conclusion. A ce procédé, que les principes généraux autorisent, nous l'avons prouvé, le législateur apporte deux restrictions : l'une est prévue par le Code, avec ses dispositions relatives à l'interdiction et au conseil judiciaire; l'autre par la loi du 30 juin 1838.

Les individus se trouvant dans un état habituel de démence, d'imbécillité ou de fureur, doivent être interdits. La déclaration impérative du Code, à cet égard, semble montrer le désir du législateur d'éviter les discussions de fait. De plus avant la loi de 1838, les individus préalablement interdits seuls pouvaient être internés, actuellement l'internement est possible, sans que celui contre lequel l'internement est requis se trouve dans les conditions qui rendent possible l'interdiction. En autorisant l'internement, la loi de 1838 semble créer à l'encontre de l'interné une présomption d'incapacité qui facilitera éventuellement la preuve de démence et, par ailleurs, la présence dans un asile est une publicité suffisante pour attirer l'attention des tiers.

Ainsi, le système du Code paraît consister à exiger autant que possible l'interdiction ou l'internement. La première mesure assurant plus efficacement que toute autre les intérêts pécuniaires de l'interdit; la seconde ayant en vue plus spécialement la sécurité publique et consistant surtout, de l'avis unanime de la science médicale, à employer le plus sûr moyen d'arriver à la guérison du malade.

Nous avons cru trouver la preuve de la réalité de ce système dans l'ensemble des dispositions prises par le Code et notamment dans l'art. 504 qui fait subir aux héritiers une déchéance pour n'avoir pas pris les mesures de protections dues au malade; et encore dans les mesures de publicité prises pour avertir les tiers, amplement étendues par l'addition faite à l'art. 501 par la loi du 16 mars 1893. Nous ne saurions assez approuver cette tendance et surtout cette dernière mesure législative.

D'après nous, l'évolution législative devrait se faire et se compléter dans ce sens. En revanche, les deux intérêts signalés sont assez étrangement enchevêtrés dans les législations étrangères récentes. Ainsi le Code civil allemand donne à l'incapacité de fait le plus vaste champ d'application, en admettant la preuve à toute époque, dans toutes conditions et pour les causes les plus différentes, allant des maladies mentales graves jusqu'aux troubles passagers de l'esprit et de l'inconscience. C'est donner ainsi une large facilité d'user des moyens accordés par la loi pour tenter d'aboutir à l'annulation d'un acte. La sûreté des rapports devient, dans ces conditions, des plus problématiques et l'analyse de la volonté faite sur une base des plus délicates peut donner lieu, en pratique, au plus grand des arbitraires.

Mais d'un autre côté les causes d'interdiction sont multipliées et les effets de cette mesure sont gradués de manière à produire, suivant les causes qui la déterminent, des conséquences plus ou moins graves : l'interdiction pour maladie mentale entraîne une complète incapacité ; pour les cas de faiblesse mentale, prodigalité, ivrognerie, une incapacité simplement partielle, permettant à l'interdit de s'engager dans des contrats susceptibles de lui procurer un bénéfice, ces contrats pouvant devenir valables par l'approbation de son représentant légal. L'infirmité mentale et corporelle, enfin, entraîne une incapacité relative à *certaines* affaires seules, spécialement à celles qui se rapportent au patrimoine. Dans cette dernière hypothèse, d'ailleurs, le consentement de l'infirme est requis pour son placement sous curatelle.

Or, par cette graduation rationnelle des effets de l'interdiction un double but se trouve atteint : les demandes en interdiction seront plus nombreuses et, partant, la sûreté des tiers plus garantie. Là n'est point d'ailleurs, en ce qui concerne spécialement ce dernier intérêt, la mesure la plus efficace. Les tiers ne sont plus laissés à la discrétion des incapables ; le droit leur appartient, en effet, de faire approuver le contrat intervenu par le représentant de l'individu interdit. Cela paraît juste, car rien n'est si peu équitable que de tenir à la discrétion de l'incapable la personne qui a traité avec lui (art. 108, al. 2, Code allemand).

Ainsi la tendance est certaine dans le Code allemand de déterminer l'emploi de l'interdiction avec ses différents degrés, comme moyen efficace de protection des intérêts personnels de l'individu atteint d'une maladie mentale, et des intérêts familiaux. Elle résulte manifestement de toutes et de chacune des dispositions se référant à cette institution. Une réaction puissante est faite en faveur de l'interdiction et le nombre des causes qui en peuvent motiver le prononcé en donne surabondamment la preuve.

La démonstration de cette réaction en faveur de l'interdiction avait été déjà fournie par la loi suisse du 22 juin 1881 sur la capacité civile, qui est allée jusqu'à admettre l'interdiction des personnes se soumettant volontairement à la tutelle ou à la curatelle ! (art. 5, al. 2).

L'esprit du Code français, inspiré d'idées de liberté individuelle, a été au contraire de limiter autant que possible les causes de l'interdiction. Il ne l'admet plus pour le prodigue et, mû par ce senti ment, en faisant, à l'égard du dément, une distinction entre les cas de démences, suivant leur gravité, il laisse éventuellement à celui qui en est moins gravement atteint une capacité qu'il assimile à celui du prodigue. C'était par là, faire une confusion regrettable sur les causes génératrices des mesures de protection. Or, c'est à cette confusion, croyons-nous, qu'est dû le mouvement d'opinion public dirigé contre cette institution.

En effet, si l'intention du législateur a été de considérer l'interdiction comme un moyen de protection, si, d'un autre côté, les effets de cette mesure est, suivant le Code, d'entraîner une complète incapacité, il est de toute évidence qu'entre cette mesure radicale et celle de la dation d'un conseil judiciaire, prévue part l'art. 499, il y a une lacune qu'il s'en suit de combler. Mais c'est là une œuvre législative qui, à notre sens, s'impose impérieusement.

Les degrés de l'aliénation présentent une variété infinie, et certes les plus graves et apparents sont ceux qui en fait présentent, d'un point de vue juridique, le moindre danger; ce sont, en effet, les cas mions nettement caractérisés qui présentent au contraire le plus de danger ; et laisser une liberté d'action juridique aux personnes qui en sont frappées, c'est ne point prévenir les vraies difficultés qui compromettront sa personne et son patrimoine; jamais besoin de protection ne peut être plus vivement ressenti que dans ces hypothèses.

C'est dans ces circonstances que l'ordre public, l'honneur, la vie, la liberté d'un malade réclament une grande sollicitude, et la dation d'un conseil judiciaire ne répond nullement aux besoins créés par cette situation. C'est là, à notre avis, le vice de la législation française, et c'est avec cette réforme que l'on pourrait, que l'on devrait plutôt, établir en même temps les effets de chaque espèce d'interdiction.

On ne saurait trop le répéter, certes, l'intérêt personnel de tout individu doit être protégé, mais l'intérêt des tiers doit, sinon l'emporter sur le précédent, du moins être garanti de façon à ne point en faire la victime d'appréciations psychologiques sur l'état de la personne avec laquelle ils ont contracté.

Le système du Code français, qui fonde sur une idée de consentement la validité des actes, assure amplement les intérêts de l'individu en autorisant leur annulation quand ces actes ont été passés dans un état pathologique enlevant à leur auteur le sens et la capacité. La jurisprudence qui n'est pas tenue dans les limites d'un texte précis, a, de ce chef, une liberté d'appréciation assez grande, qui lui permit d'étendre à sa guise, par voie d'analogie, les causes d'incapacités naturelles. Ainsi, elle a usé de cette liberté pour faire une application des principes généraux dans tous les cas où un acte a été passé par son auteur en état d'ivresse ; l'ivresse étant un des types marqué de l'inconscience.

Le Code civil, en effet, a eu soin de ne point établir des règles fixes et immuables sur les causes qui peuvent produire l'incapacité de fait, c'est donc à la doctrine et à la jurisprudence de systématiser cette matière. Elles sont en bonne voie, tout autant qu'elles prennent comme normes l'état pathologique de l'individu, se rapportant ainsi au critérium donné par le Code pénal (art. 64), et en étendant ce texte par voie d'analogie aux cas pathologiques susceptibles d'une constatation médicale.

Il est certain que l'appréciation de l'incapacité naturelle dans ce système doit se faire d'une façon concrète ; la volonté manifestée par un consentement devant être examinée par rapport à l'acte accompli et non pas d'une façon abstraite, comme dans tous les cas d'incapacités de droit et dans le système du Code pénal qui examinent : les unes les faits à venir et l'état habituel de la maladie, l'autre l'état général de l'agent.

Par ailleurs, la disposition de l'art. 504 est excellente par le fait qu'elle met un terme à l'incertitude qui peut exister chez le cocontractant de l'individu dément ou incapable de fait. Son maintien serait donc d'une très grande importance pratique et empêcherait l'appréciation arbitraire qui résulte éventuellement du défaut d'observations directes à raison de la mort de l'interdit. De plus, si les degrés des mesures de protection étaient multipliés, la faute des héritiers — dans cette hypothèse — qui n'y auraient point eu recours, pourrait être de nature à mériter justement la déchéance du droit d'invoquer ce texte. Cet argument est déjà invoqué actuellement par d'assez nombreux esprits, il acquerrait une plus grande force le jour où le nombre et la variété des protections que comporte l'état du malade seraient plus grands.

D'ailleurs l'interdiction est une protection due par la loi au malade, le désir du Code français est d'y recourir certainement, mais l'organisation de la mesure n'en est pas complète. Actuellement on est, on peut le dire, en présence d'un véritable recul et la manière dont on entend l'interdiction ne correspond nullement aux besoins et à la sollicitude que, malheureusement, réclame un nombre toujours grandissant de malades.

En effet, suivant le Code français, un état habituel et grave de démence est exigé pour que l'interdiction soit ordonnée ; dès lors, en pratique, il faut attendre que tous les effets désastreux du mal se soient produits pour pouvoir réclamer le bienfait de la loi ! Aussi, on s'explique que le résultat de cette lacune ait été de donner lieu au plus grand des arbitraires, lequel a soulevé la conscience de l'opinion publique et a déterminé ce mouvement de suspicion à l'encontre d'une institution appelée pourtant à rendre les plus grands services. Une bonne organisation s'impose donc. La sécurité de l'individu, de la famille, de l'ordre public, exige une réforme qui, à l'heure actuelle, peut, cela est sûr, se fonder sur les progrès scientifiques et les observations acquises. Cette réforme est d'autant plus nécessaire que dans la législation actuelle il existe une masse d'incertitudes sur lesquelles on n'est point encore parvenu à se fixer. Le sujet est trop délicat, les intérêts en jeu trop grands pour que des doutes existent. C'est une matière qui exige de la netteté et de la certitude.

Dès lors, nous croyons que pour assurer une réelle protection, la future réforme législative doit établir une série de mesures s'adaptant aux différentes causes pathologiques ou morales qui réclament l'intervention de la loi. En déterminant, suivant la nature de chacune, des effets nettement caractérisés, gradués et variés, on évitera l'incertitude qui règne actuellement et l'on assurera ainsi la situation juridique de l'individu, l'intérêt des familles le plus souvent compromis, les intérêts des tiers que des moyens de publicité avertiront toujours.

Toutes les incapacités résultant des différentes interdictions doivent être précisées par des textes concrets, ne donnant pas lieu aux discussions actuellement provoquées par le Code civil. Un maximum d'incapacité sera, par exemple, la conséquence de l'interdiction ordonnée pour cause de démence grave. Une capacité limitée serait au contraire accordée dans les cas de faiblesse intellectuelle, ces mots étant entendus dans le sens que leur donne actuellement la psychiatrie, qui la considère comme une espèce de maladie mentale. Enfin la situation des personnes dont l'état physique réclame une protection serait aussi l'objet de la sollicitude du Code et la matière de dispositions spéciales.

Nous n'avons certes pas la prétention de légiférer, mais convaincu des services que les mesures de protection édictées par la loi apporteraient pour la facilité des rapports juridiques et la sécurité de l'individu même et de sa famille, nous signalons les lacunes du Code. Nous constatons que, après un siècle, on n'est pas encore fixé sur la sanction des actes passés en état de démence. Est-ce une nullité absolue ou relative ? Nous avons pris parti à ce sujet, mais le fait seul qu'une discussion peut être entamée ne constitue-t-il pas un vice ?

Une grande controverse qui n'est pas encore tranchée existe aussi quant au point de savoir si un interdit peut ou non disposer par donation ou testament, s'il peut ou non se marier, reconnaître ou non un enfant naturel, faire enfin un certain nombre d'actes patrimoniaux ou familiaux, pendant des intervalles lucides.

De même l'influence de l'interdiction sur la communauté, la puissance paternelle, maritale, ne font l'objet d'aucun article dans notre Code.

D'autre part, l'incapacité résultant de la dation d'un conseil judiciaire est superficiellement traitée, si bien que la jurisprudence a dû établir un droit nouveau qui, certainement, constitue un progrès, mais qui, néanmoins, est soumis à beaucoup de fluctuations.

Enfin la question de l'ivrognerie mériterait une sérieuse attention ; et si nous croyons suffisantes les mesures que la loi prend contre le prodigue, nous serions bien favorables, au contraire, à l'idée de demander que l'on n'attende pas, pour faire intervenir la protection ou la sanction de la loi, que l'ivrognerie soit devenue une variété de la folie.

Dans un nouveau système qui régirait cette matière les effets de la nullité relative devraient être aussi modifiés. Susceptibles d'être justifiées quand il est question d'interdiction, leurs conséquences sont injustes quand une capacité partielle est au contraire laissée à celui que la loi veut protéger. En effet, l'application de l'art. 1304 tend à faire admettre que l'action en nullité est limitée à dix ans. Quand il s'agit d'interdit, la prescription court du jour de la main levée, il en est ainsi, puisqu'il s'agit de la même nullité, quand il sera question du faible d'esprit. Pendant tout cet intervalle de temps donc, la partie capable est laissée à la complète discrétion de celle avec qui elle a traité peut-être de bonne foi. La possibilité de confirmer cet acte devrait donc être admise. Il n'y a pas de doute que la nullité peut se couvrir actuellement par une confirmation du faible d'esprit, confirmation donnée par celui-ci avec l'assistance du conseil; mais il faudrait aller plus loin et autoriser le représentant à effacer seul le vice et rendre l'acte valable dans un délai déterminé, et plus encore donner ce droit à l'autorité judiciaire qui serait appelée à juger l'opportunité d'un acte. Ce serait une protection nécessaire que l'intérêt des tiers de bonne foi réclame en toute justice.

Pour conclure, disons que nous avons voulu montrer l'état actuel de la législation qui régit les conditions de capacité étudiées d'un point de vue psychologique; signaler les interprétations auxquelles les textes s'y référant donnent lieu et indiquer à notre sens la plus juste application qu'il y a à en faire. A cet égard, il ne nous a point paru téméraire de montrer que le système adopté par le Code civil est défectueux dans son ensemble, et tandis que nous faisons des vœux pour une réforme, il nous semble possible de croire que les expériences acquises et l'exemple donné par des pays voisins serviront maintenant à rallier tous les esprits et à faire admettre dans le Code français, comme les mesures sages, les innovations hardies de certaines législations étrangères.

Vu :

Le Président de la thèse,

SALEILLES.

Vu :

Le Doyen,

GLASSON.

Vu et permis d'imprimer :

Le Vice-Recteur de l'Académie de Paris,

GRÉARD.

TABLE DES MATIÈRES

Saint-Amand (Cher). — Imprimerie BUSSIÈRE

www.ingramcontent.com/pod-product-compliance
Ingram Content Group UK Ltd.
Pitfield, Milton Keynes, MK11 3LW, UK
UKHW020954230726
13923UKWH00007B/390

9 782019 289867